Unser Körper

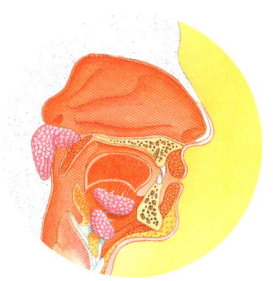

Ravensburger Buchverlag

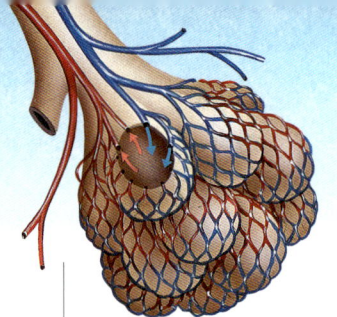

Inhalt

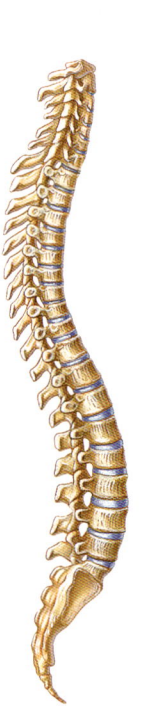

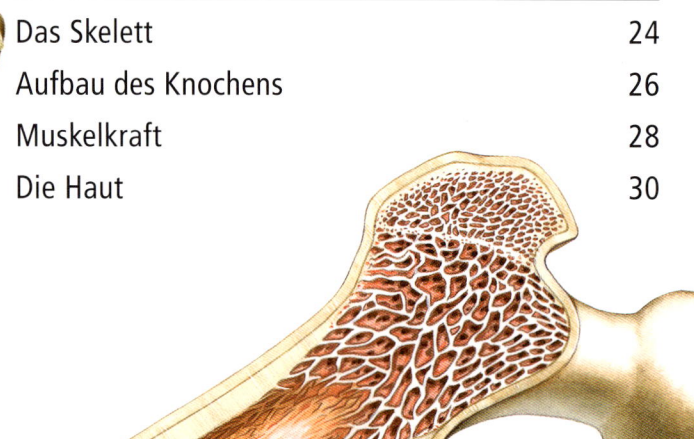

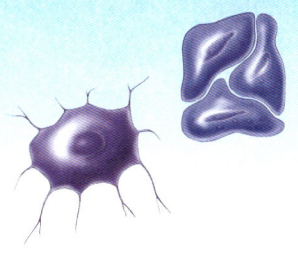
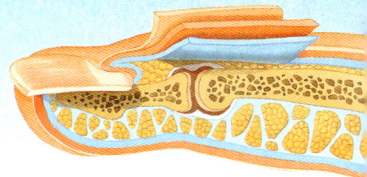

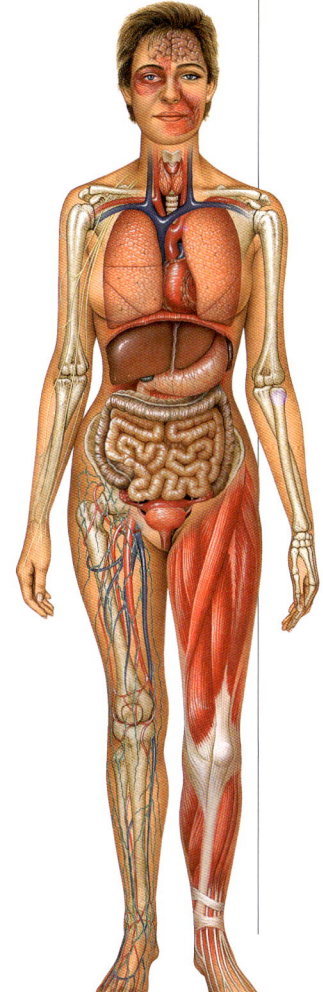

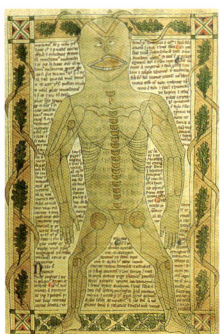
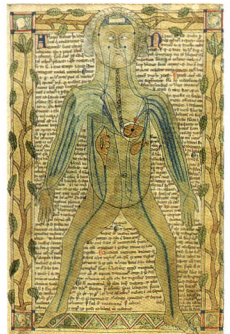

Kunst und Wissenschaft
Der italienische Künstler und Wissenschaftler Leonardo da Vinci (1452–1519) sezierte über 30 menschliche Leichen. Seine Skizzen sind teilweise von erstaunlicher Genauigkeit.

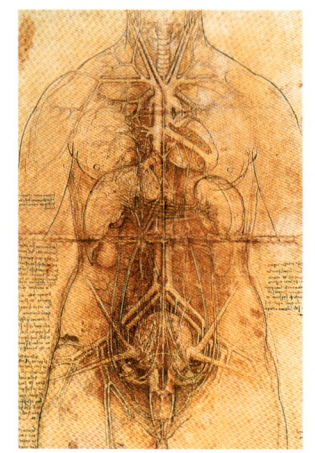

Ein berühmter römischer Arzt
Claudius Galenus (129–199 n. Chr.) verfasste mehr als 500 medizinische Schriften. Die Römer lehnten das Sezieren von Leichen ab. Galenus schnitt deshalb tote Tiere auf und studierte die Wunden von Gladiatoren.

Anfänge der Medizin

Schon sehr früh begannen die Menschen, medizinische Kenntnisse zu sammeln. Skelettfunde zeigen uns, dass man bereits vor 50 000 Jahren versuchte, Knochenbrüche durch Zusammenfügen der Enden zu heilen. Von altägyptischen Mumien wissen wir, unter welchen Krankheiten die Menschen damals litten und welche Eingriffe die Ärzte wagten. Die alten Chinesen steckten zur Stärkung der Lebensenergie Nadeln in den Körper. Diese Akupunktur wird heute noch eingesetzt und breitete sich bis nach Europa aus. Die alten Griechen, vor allem Hippokrates, wussten schon viel über die Zusammenhänge zwischen dem Bau der Organe und den Krankheiten. Die Lehren des berühmten römischen Arztes Claudius Galenus galten 1200 Jahre lang. Erst mit der Renaissance im 14. Jahrhundert brachen die Wissenschaftler mit den antiken Vorstellungen von der Medizin und stellten nun selbst Untersuchungen an.

Leichenöffnung
In der Renaissance begannen die Professoren an den Universitäten mit ihren Studenten Leichen zu öffnen und die Anatomie des menschlichen Körpers zu studieren. Der Begründer der modernen Anatomie war Andreas Vesalius.

Körperenergie
Die Chinesen glauben, die Lebensenergie fließe in besonderen Kanälen, den Meridianen. Wenn der Fluss blockiert sei, führe dies zu Krankheiten. Um den Energiefluss aufrechtzuerhalten und auszugleichen, wenden die Chinesen bis heute die Akupunktur an.

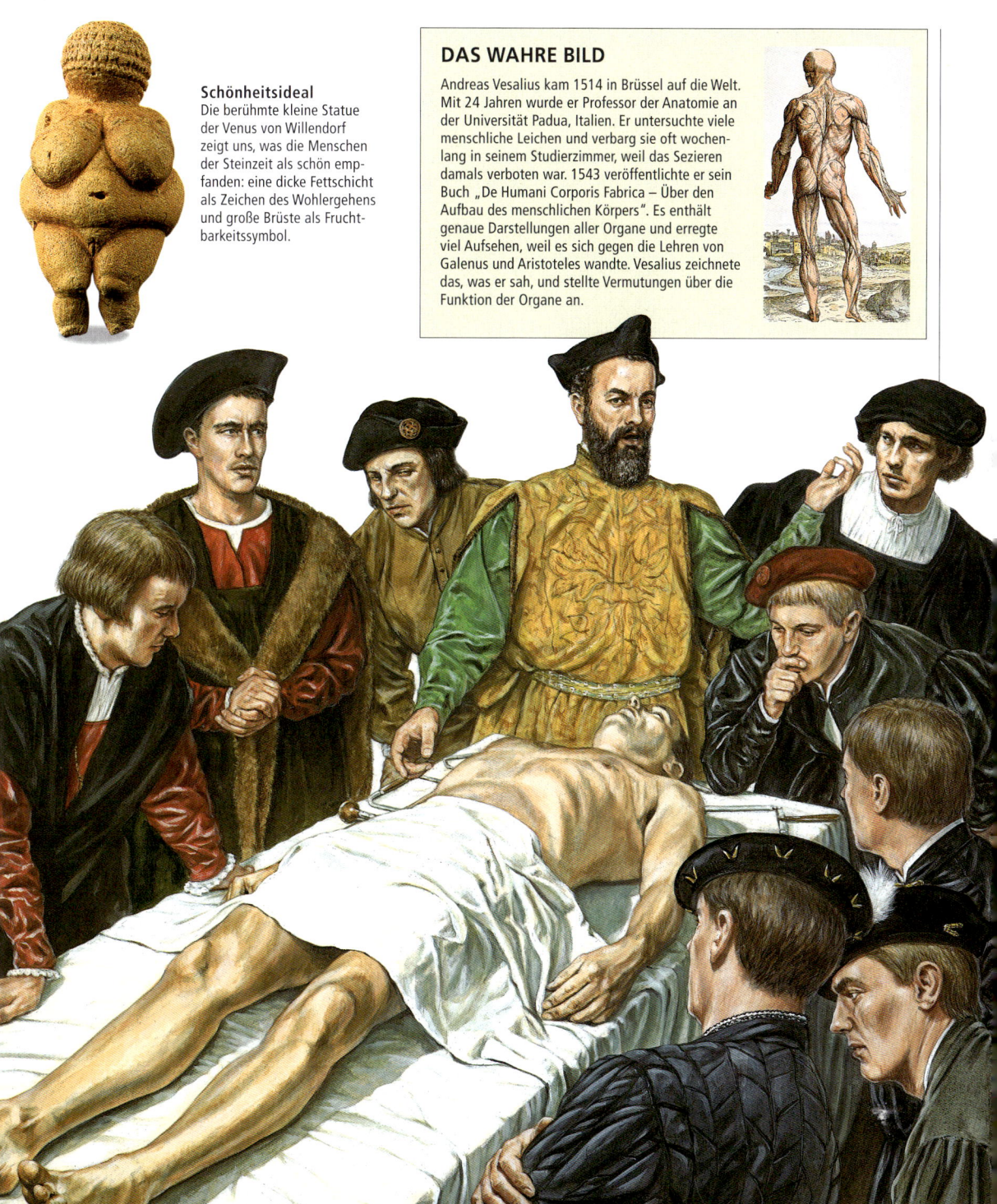

Schönheitsideal
Die berühmte kleine Statue der Venus von Willendorf zeigt uns, was die Menschen der Steinzeit als schön empfanden: eine dicke Fettschicht als Zeichen des Wohlergehens und große Brüste als Fruchtbarkeitssymbol.

DAS WAHRE BILD

Andreas Vesalius kam 1514 in Brüssel auf die Welt. Mit 24 Jahren wurde er Professor der Anatomie an der Universität Padua, Italien. Er untersuchte viele menschliche Leichen und verbarg sie oft wochenlang in seinem Studierzimmer, weil das Sezieren damals verboten war. 1543 veröffentlichte er sein Buch „De Humani Corporis Fabrica – Über den Aufbau des menschlichen Körpers". Es enthält genaue Darstellungen aller Organe und erregte viel Aufsehen, weil es sich gegen die Lehren von Galenus und Aristoteles wandte. Vesalius zeichnete das, was er sah, und stellte Vermutungen über die Funktion der Organe an.

Allererste Mikroskope

Die ersten Mikroskope konnten nicht viel mehr als 100-fach vergrößern. Bald erzielte man jedoch über 1000-fache Vergrößerung, bei der alle Zellen des Körpers deutlich zu erkennen sind.

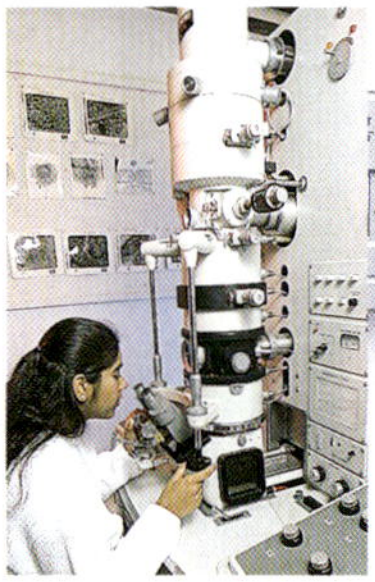

Wunder der Technik

Elektronenmikroskope funktionieren nicht mit Licht, sondern mit Elektronen. Bei 100 000-facher Vergrößerung sieht man selbst winzigste Zellbestandteile.

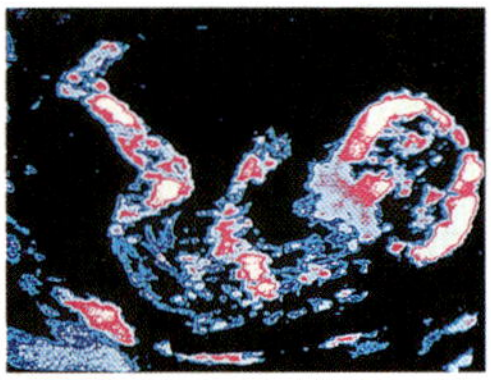

Ultraschall

Ultraschallgeräte erzeugen unhörbar hohe Schallwellen und fangen deren Echos auf. Das Gerät stellt daraus sichtbare Bilder her. Mit Ultraschall kann man die Entwicklung des heranwachsenden Kindes im Mutterleib verfolgen.

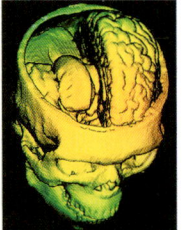

Kopf in 3-D

Mit der Computertomografie kann man seit 1972 dreidimensionale Bilder erzeugen. Man verwendet dazu unter anderem Röntgenstrahlen.

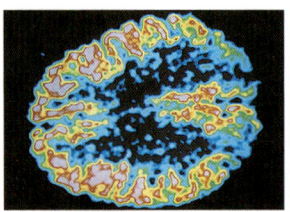

Blick ins Gehirn

Mit der Positronen-Emissions-Tomografie (PET) kann man nachweisen, welche Gehirnregionen bei bestimmten Tätigkeiten des Menschen beteiligt sind und wie viel Energie sie verbrauchen.

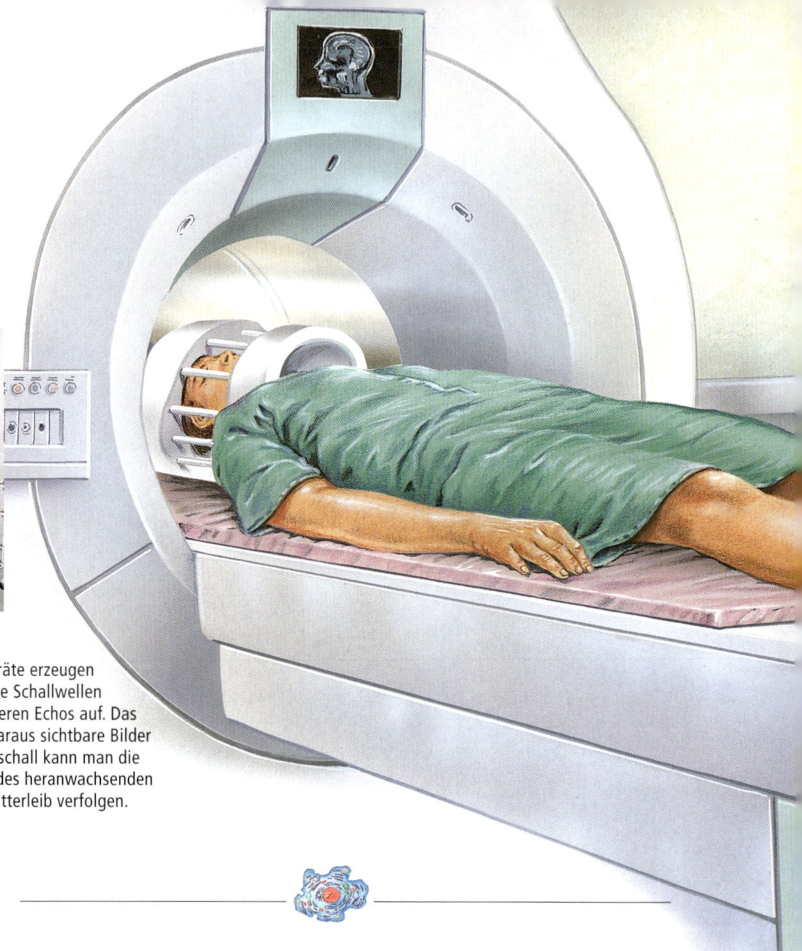

Moderne Medizin

Im 14. Jahrhundert begannen die Ärzte, den menschlichen Körper genauer zu untersuchen. Anatomen erforschten seinen Aufbau und die Lage der Organe. Physiologen untersuchten, wie der Körper funktioniert, welche Aufgaben die Organe haben und wie sie zusammenarbeiten. Mit dem Mikroskop, das um 1590 erfunden wurde, konnte man nachweisen, dass der Körper aus Millionen von Zellen besteht. Mithilfe von Röntgenstrahlen konnten die Ärzte seit 1895 sogar in den Körper hineinsehen, ohne ihn aufschneiden zu müssen. Ab dem 20. Jahrhundert ermöglichte der Computer die Entwicklung der Tomografie. Dabei sendet man Strahlen in unterschiedlichen Winkeln durch den Körper und kann Schnitte durch den Körper legen, ohne ihn zu verletzen. Damit lassen sich Organe dreidimensional naturgetreu darstellen.

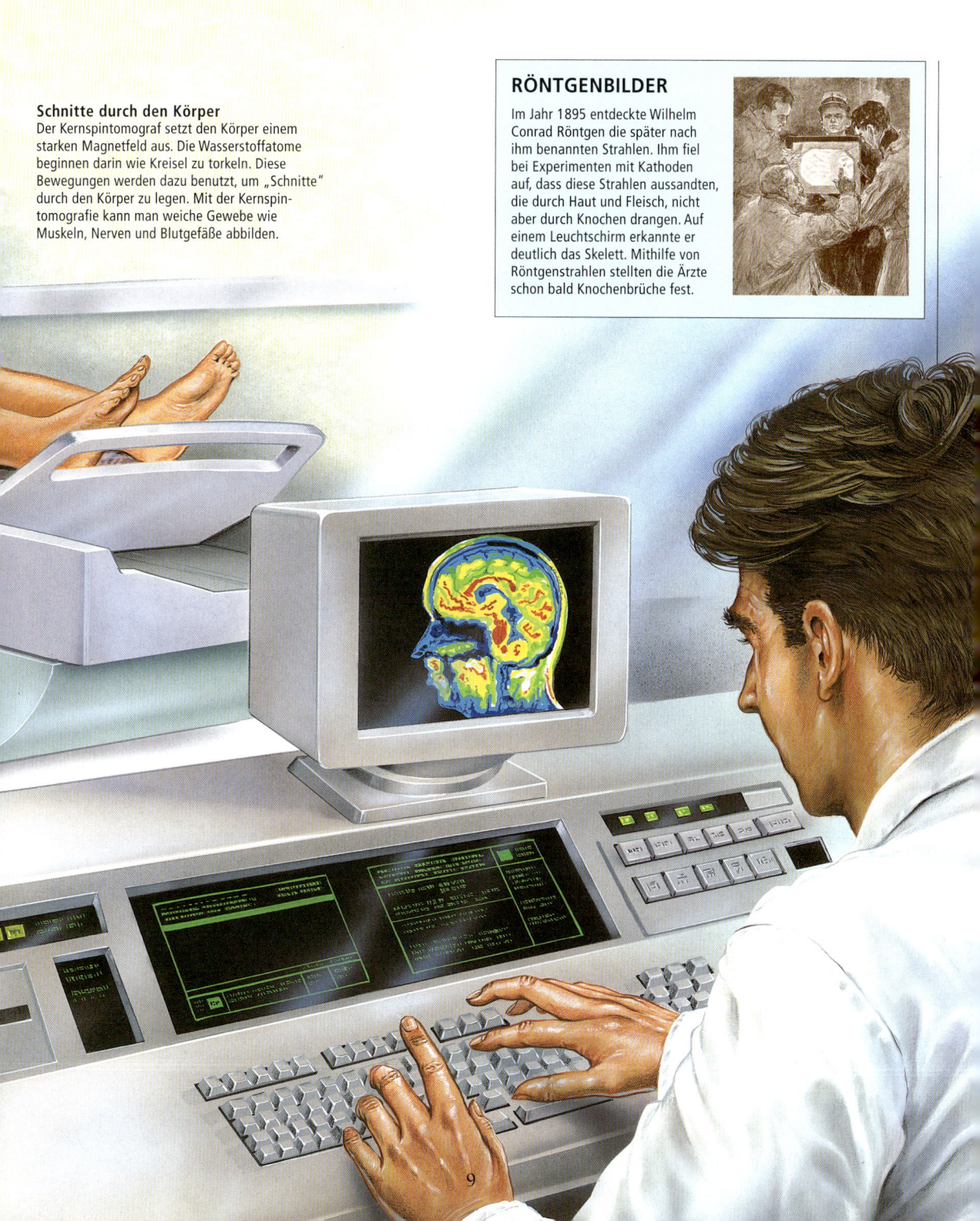

Schnitte durch den Körper

Der Kernspintomograf setzt den Körper einem starken Magnetfeld aus. Die Wasserstoffatome beginnen darin wie Kreisel zu torkeln. Diese Bewegungen werden dazu benutzt, um „Schnitte" durch den Körper zu legen. Mit der Kernspintomografie kann man weiche Gewebe wie Muskeln, Nerven und Blutgefäße abbilden.

RÖNTGENBILDER

Im Jahr 1895 entdeckte Wilhelm Conrad Röntgen die später nach ihm benannten Strahlen. Ihm fiel bei Experimenten mit Kathoden auf, dass diese Strahlen aussandten, die durch Haut und Fleisch, nicht aber durch Knochen drangen. Auf einem Leuchtschirm erkannte er deutlich das Skelett. Mithilfe von Röntgenstrahlen stellten die Ärzte schon bald Knochenbrüche fest.

9

Zellbausteine

Alle Lebewesen setzen sich aus Zellen zusammen. Der Körper des Menschen enthält ungefähr 100 Billionen Zellen, von denen es rund 200 Arten gibt. Zellen wachsen, teilen sich und sterben schließlich ab. Jede Zelle hat eine bestimmte Aufgabe und ist mit einer komplizierten Fabrik vergleichbar, in der Tausende von chemischen Reaktionen ablaufen. Die Zellen bilden so unterschiedliche Organe wie Muskeln, Nerven und Haut. Auch Knorpel und Knochen bestehen aus Zellen. Der Aufbau ist bei allen Zellen gleich: Die Membran bestimmt, welche Stoffe in das gallertige Zytoplasma eintreten und welche aus der Zelle austreten. Das Steuerungszentrum ist der Kern. Er enthält Desoxyribonukleinsäure (DNS), in der das Erbgut mit allen Genen seinen Sitz hat. Eine Kernmembran schützt die DNS vor schädlichen Umwelteinflüssen. Im Kern hat auch der Nukleolus seinen Sitz. Er stellt die Ribosomen her, an denen Proteine zusammengesetzt werden.

Blutzellen

Blut besteht je zur Hälfte aus Flüssigkeit und roten Blutkörperchen. Einen sehr kleinen Anteil machen die weißen Blutkörperchen aus (rechts eines in Falschfarben). Sie sind etwa 0,03 mm groß und können die Blutbahn verlassen, um Krankheitserreger in Entzündungsherden zu bekämpfen.

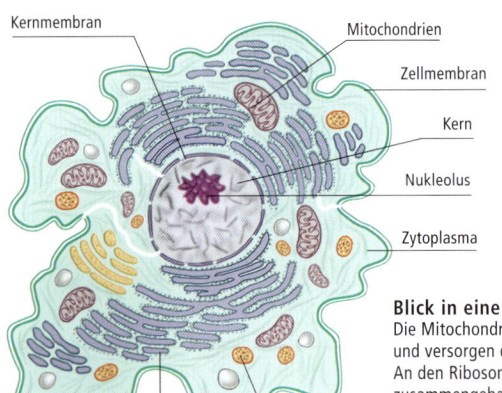

Kernmembran
Mitochondrien
Zellmembran
Kern
Nukleolus
Zytoplasma
Lysosomen
Endoplasmatisches Retikulum mit Ribosomen

Blick in eine Zelle

Die Mitochondrien verbrennen Zucker und versorgen die Zelle mit Energie. An den Ribosomen werden Proteine zusammengebaut. Die Lysosomen enthalten Enzyme zum Abbau von Abfällen aus dem Stoffwechsel.

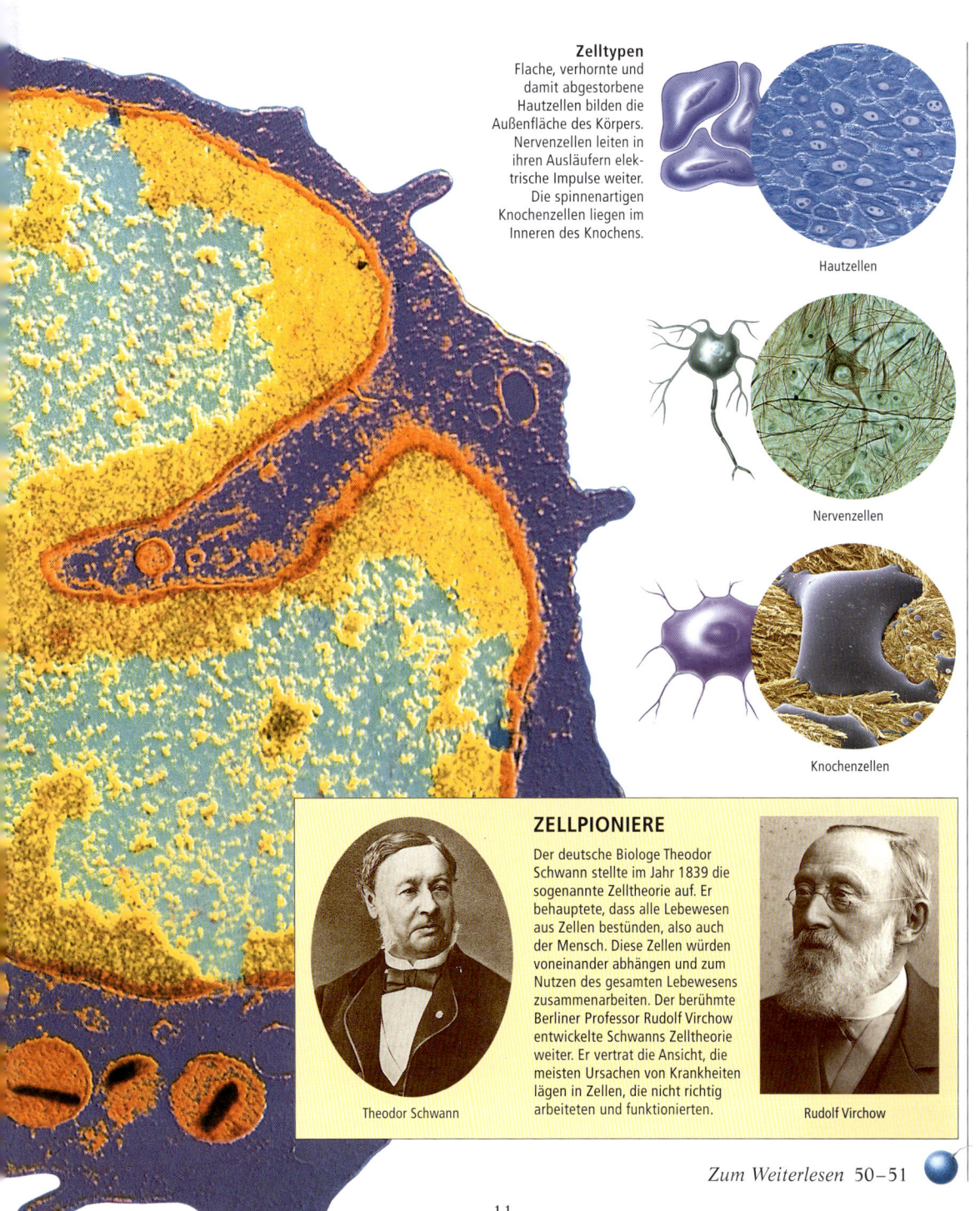

Zelltypen

Flache, verhornte und damit abgestorbene Hautzellen bilden die Außenfläche des Körpers. Nervenzellen leiten in ihren Ausläufern elektrische Impulse weiter. Die spinnenartigen Knochenzellen liegen im Inneren des Knochens.

Hautzellen

Nervenzellen

Knochenzellen

ZELLPIONIERE

Der deutsche Biologe Theodor Schwann stellte im Jahr 1839 die sogenannte Zelltheorie auf. Er behauptete, dass alle Lebewesen aus Zellen bestünden, also auch der Mensch. Diese Zellen würden voneinander abhängen und zum Nutzen des gesamten Lebewesens zusammenarbeiten. Der berühmte Berliner Professor Rudolf Virchow entwickelte Schwanns Zelltheorie weiter. Er vertrat die Ansicht, die meisten Ursachen von Krankheiten lägen in Zellen, die nicht richtig arbeiteten und funktionierten.

Theodor Schwann

Rudolf Virchow

Zum Weiterlesen 50–51

Herzkranzgefäße

Die dicken, muskulösen Herzwände arbeiten unentwegt und müssen deshalb sehr gut durchblutet werden. Dies geschieht durch die Herzkranzgefäße, die an der Außenseite des Herzens deutlich zu erkennen sind. Schlechte Durchblutung kann zu einem Herzinfarkt führen.

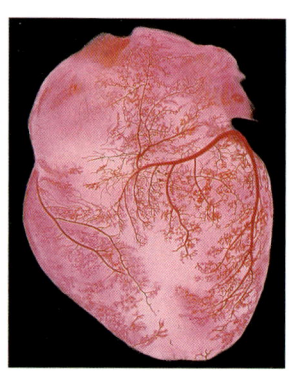

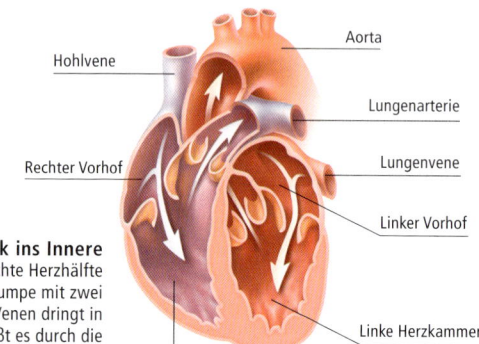

Aorta

Hohlvene

Lungenarterie

Rechter Vorhof

Lungenvene

Linker Vorhof

Linke Herzkammer

Rechte Herzkammer

Blick ins Innere

Die linke und die rechte Herzhälfte bestehen jeweils aus einer Pumpe mit zwei Kammern. Das Blut aus den Venen dringt in die Vorhöfe ein. Dann fließt es durch die Herzklappen weiter in die Herzkammern. Von dort wird es in die Arterien gepumpt.

Das Herz

Das Herz ist der Motor des Körpers und etwa so groß wie eine Faust. Jede Sekunde pumpt es Blut in das Kreislaufsystem. Genau genommen ist es ein Muskelschlauch, der aus zwei nebeneinanderliegenden Pumpen besteht. Die rechte Seite pumpt Blut in die Lunge, wo der Gasaustausch stattfindet. Dort gibt das Blut Kohlendioxid ab und nimmt Sauerstoff auf, den alle Zellen benötigen. Die linke Herzhälfte pumpt das sauerstoffreiche Blut in den Körper. Das sauerstoffarme Blut kehrt schließlich wieder in die rechte Herzkammer zurück, wo der Kreislauf von Neuem beginnt. Wir unterscheiden einen doppelten Kreislauf, den Lungen- und den Körperkreislauf. Die Gefäße, die Blut vom Herzen wegführen, heißen Arterien. Venen befördern das Blut zum Herzen zurück. Wenn sich das Herz zusammenzieht und wieder erschlafft, fühlen wir dies als Herz- oder Pulsschlag.

Amulette

Die alten Ägypter glaubten, im Herzen hätten Gedächtnis, Gedanken und Gefühle ihren Sitz. Sie gaben den Toten deshalb Herzamulette (oben) mit, die sie auf ihrer Reise ins Jenseits beschützen sollten.

Ein neues Herz

Bei schweren Herzerkrankungen verpflanzen Chirurgen das Herz eines Unfalltoten in den Körper eines Patienten. Eine solche Herztransplantation ist heute Routine. Menschen aller Altersgruppen (links) wurde bereits ein Spenderherz eingepflanzt.

SCHON GEWUSST?

In einem vier Wochen alten Embryo beginnt das Herz zu schlagen. Nach acht Wochen ist das Herz voll entwickelt.

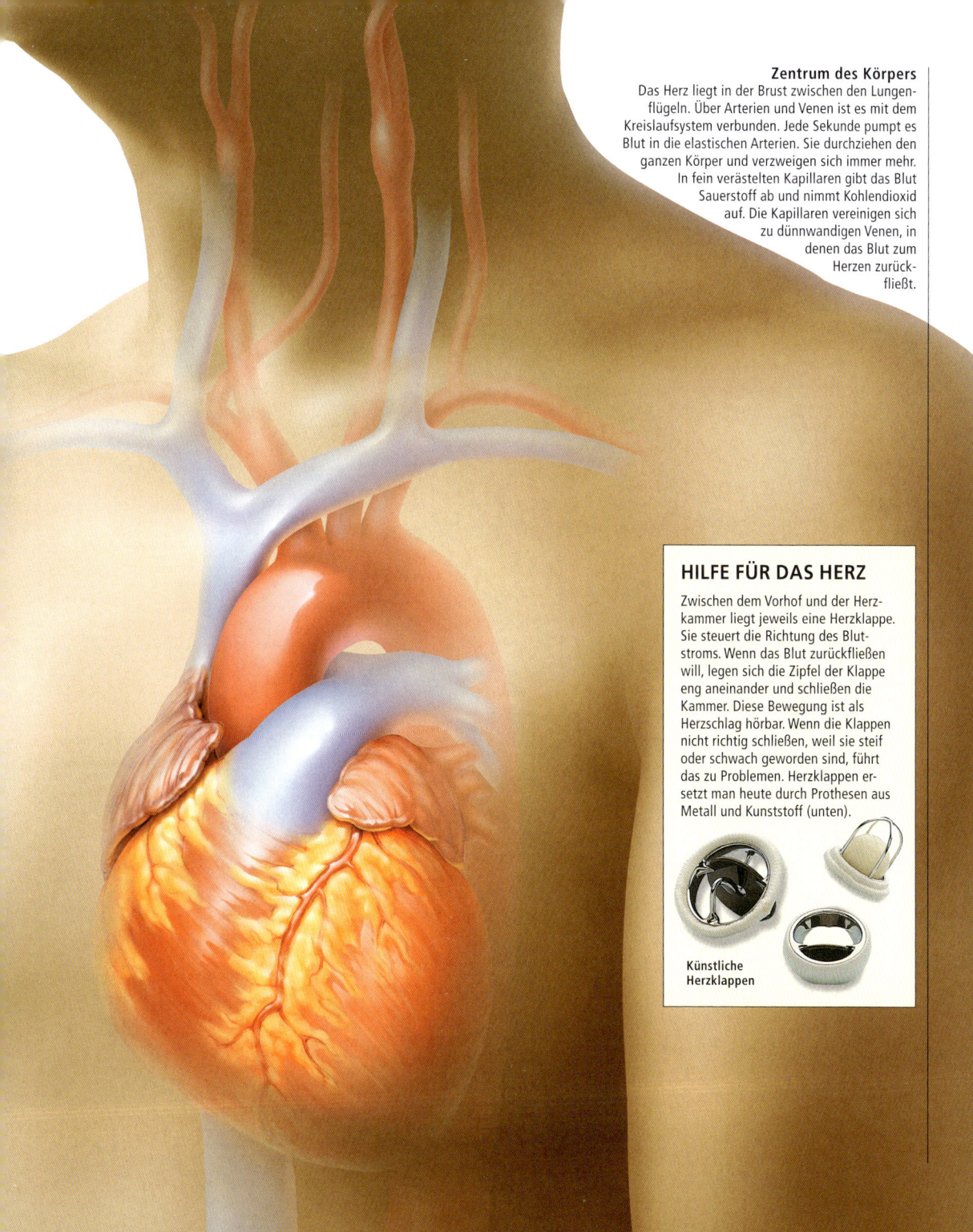

Das Herz liegt in der Brust zwischen den Lungen-
flügeln. Über Arterien und Venen ist es mit dem
Kreislaufsystem verbunden. Jede Sekunde pumpt es
Blut in die elastischen Arterien. Sie durchziehen den
ganzen Körper und verzweigen sich immer mehr.
In fein verästelten Kapillaren gibt das Blut
Sauerstoff ab und nimmt Kohlendioxid
auf. Die Kapillaren vereinigen sich
zu dünnwandigen Venen, in
denen das Blut zum
Herzen zurück-
fließt.

HILFE FÜR DAS HERZ

Zwischen dem Vorhof und der Herzkammer liegt jeweils eine Herzklappe.
Sie steuert die Richtung des Blut-
stroms. Wenn das Blut zurückfließen
will, legen sich die Zipfel der Klappe
eng aneinander und schließen die
Kammer. Diese Bewegung ist als
Herzschlag hörbar. Wenn die Klappen
nicht richtig schließen, weil sie steif
oder schwach geworden sind, führt
das zu Problemen. Herzklappen ersetzt man heute durch Prothesen aus
Metall und Kunststoff (unten).

Künstliche
Herzklappen

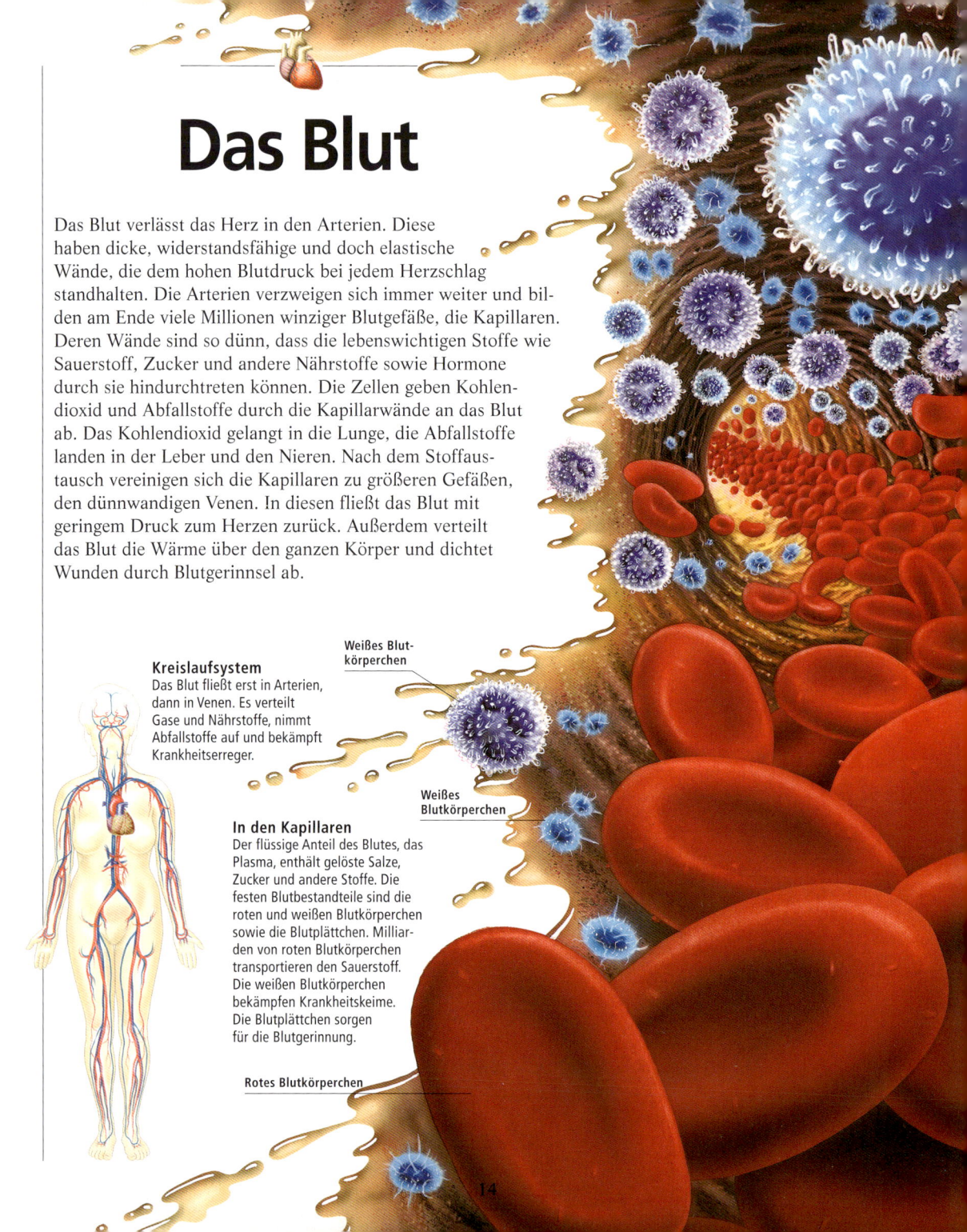

Das Blut

Das Blut verlässt das Herz in den Arterien. Diese
haben dicke, widerstandsfähige und doch elastische
Wände, die dem hohen Blutdruck bei jedem Herzschlag
standhalten. Die Arterien verzweigen sich immer weiter und bilden am Ende viele Millionen winziger Blutgefäße, die Kapillaren.
Deren Wände sind so dünn, dass die lebenswichtigen Stoffe wie
Sauerstoff, Zucker und andere Nährstoffe sowie Hormone
durch sie hindurchtreten können. Die Zellen geben Kohlendioxid und Abfallstoffe durch die Kapillarwände an das Blut
ab. Das Kohlendioxid gelangt in die Lunge, die Abfallstoffe
landen in der Leber und den Nieren. Nach dem Stoffaus-
tausch vereinigen sich die Kapillaren zu größeren Gefäßen,
den dünnwandigen Venen. In diesen fließt das Blut mit
geringem Druck zum Herzen zurück. Außerdem verteilt
das Blut die Wärme über den ganzen Körper und dichtet
Wunden durch Blutgerinnsel ab.

Kreislaufsystem
Das Blut fließt erst in Arterien,
dann in Venen. Es verteilt
Gase und Nährstoffe, nimmt
Abfallstoffe auf und bekämpft
Krankheitserreger.

**Weißes Blut-
körperchen**

**Weißes
Blutkörperchen**

In den Kapillaren
Der flüssige Anteil des Blutes, das
Plasma, enthält gelöste Salze,
Zucker und andere Stoffe. Die
festen Blutbestandteile sind die
roten und weißen Blutkörperchen
sowie die Blutplättchen. Milliar-
den von roten Blutkörperchen
transportieren den Sauerstoff.
Die weißen Blutkörperchen
bekämpfen Krankheitskeime.
Die Blutplättchen sorgen
für die Blutgerinnung.

Rotes Blutkörperchen

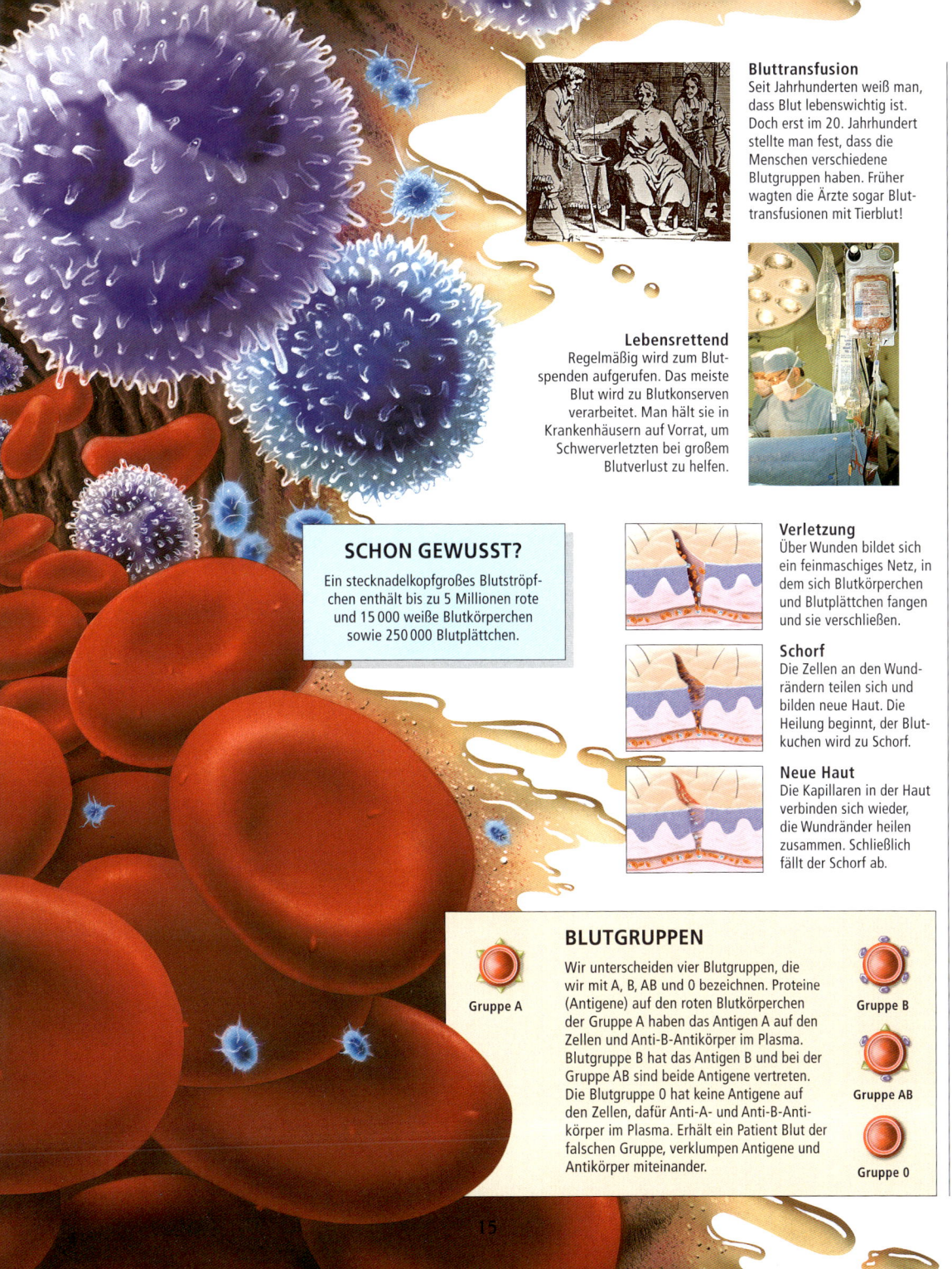

Bluttransfusion

Seit Jahrhunderten weiß man, dass Blut lebenswichtig ist. Doch erst im 20. Jahrhundert stellte man fest, dass die Menschen verschiedene Blutgruppen haben. Früher wagten die Ärzte sogar Bluttransfusionen mit Tierblut!

Lebensrettend

Regelmäßig wird zum Blutspenden aufgerufen. Das meiste Blut wird zu Blutkonserven verarbeitet. Man hält sie in Krankenhäusern auf Vorrat, um Schwerverletzten bei großem Blutverlust zu helfen.

SCHON GEWUSST?

Ein stecknadelkopfgroßes Blutströpfchen enthält bis zu 5 Millionen rote und 15 000 weiße Blutkörperchen sowie 250 000 Blutplättchen.

Verletzung

Über Wunden bildet sich ein feinmaschiges Netz, in dem sich Blutkörperchen und Blutplättchen fangen und sie verschließen.

Schorf

Die Zellen an den Wundrändern teilen sich und bilden neue Haut. Die Heilung beginnt, der Blutkuchen wird zu Schorf.

Neue Haut

Die Kapillaren in der Haut verbinden sich wieder, die Wundränder heilen zusammen. Schließlich fällt der Schorf ab.

BLUTGRUPPEN

Wir unterscheiden vier Blutgruppen, die wir mit A, B, AB und 0 bezeichnen. Proteine (Antigene) auf den roten Blutkörperchen der Gruppe A haben das Antigen A auf den Zellen und Anti-B-Antikörper im Plasma. Blutgruppe B hat das Antigen B und bei der Gruppe AB sind beide Antigene vertreten. Die Blutgruppe 0 hat keine Antigene auf den Zellen, dafür Anti-A- und Anti-B-Antikörper im Plasma. Erhält ein Patient Blut der falschen Gruppe, verklumpen Antigene und Antikörper miteinander.

Gruppe A

Gruppe B

Gruppe AB

Gruppe 0

Die Lunge

In Ruhe atmen wir alle paar Sekunden einen halben Liter Luft ein und aus. Die Luft dringt über die Nase oder den Mund ein und gelangt über den Kehlkopf und die Luftröhre in die schwammige Lunge. Sie absorbiert den Sauerstoff, der ungefähr ein Fünftel der Luft ausmacht. Sauerstoff ist wichtig, weil der Körper ihn für die energieliefernden chemischen Reaktionen benötigt. Die Lunge gibt den Sauerstoff an das Blut ab, das ihn zu jeder einzelnen Körperzelle transportiert. Das wichtigste Abgas des Körpers, das Kohlendioxid, nimmt die umgekehrte Richtung: Es gelangt aus dem Blut in die Lungenbläschen und wird dann in der Lunge ausgeatmet. Da der Körper den Sauerstoff nicht speichern kann, müssen wir ununterbrochen atmen, um am Leben zu bleiben.

SCHON GEWUSST?

Die Lunge enthält über 300 Millionen Lungenbläschen (Alveolen). Sie verleihen ihr das schwammartige Aussehen. Die Gesamtoberfläche aller Lungenbläschen für den Gasaustausch erreicht die Größe eines Tennisplatzes.

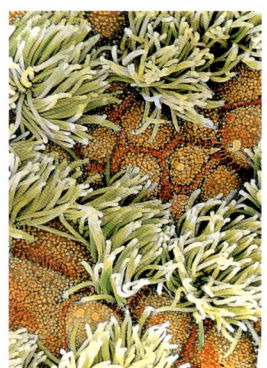

Staubwischer
Die Luftwege der Nase, der Luftröhre und der Lunge sind von einer Schleimhaut überzogen, deren zäher Schleim Staubteilchen einfängt. Die Schleimhautschicht enthält mikroskopisch kleine Flimmerhaare, die Zilien (links), die dauernd nach vorn und hinten schlagen und so den schmutzigen Schleim zur Kehle befördern, wo er verschluckt wird.

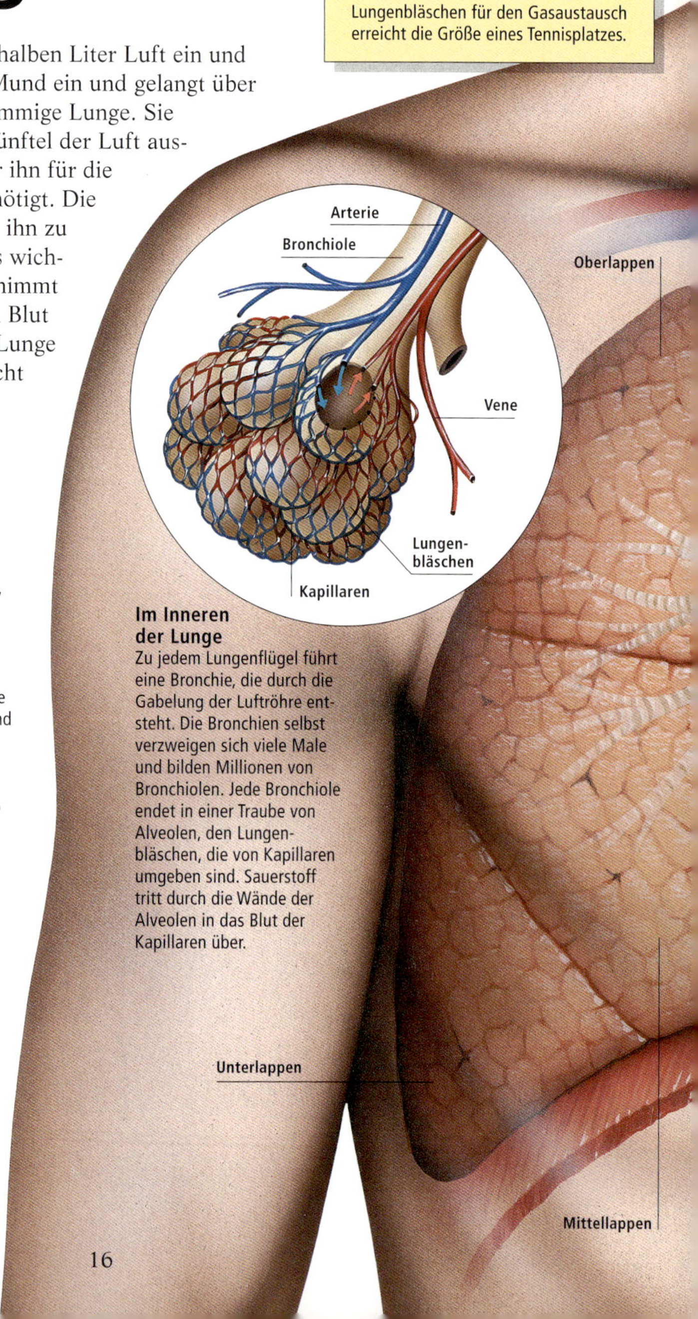

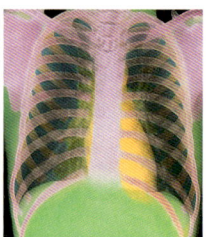

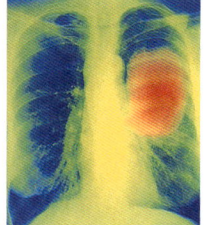

Dunkle Schatten
Das Röntgenbild zeigt die gesunde Lunge (links) als schwachen Schatten. Die dunkleren Schatten (rechts) deuten auf Lungenschäden hin, etwa durch Rauchen.

Arterie
Bronchiole
Oberlappen
Vene
Lungen-
bläschen
Kapillaren
Unterlappen
Mittellappen

Im Inneren der Lunge
Zu jedem Lungenflügel führt eine Bronchie, die durch die Gabelung der Luftröhre entsteht. Die Bronchien selbst verzweigen sich viele Male und bilden Millionen von Bronchiolen. Jede Bronchiole endet in einer Traube von Alveolen, den Lungenbläschen, die von Kapillaren umgeben sind. Sauerstoff tritt durch die Wände der Alveolen in das Blut der Kapillaren über.

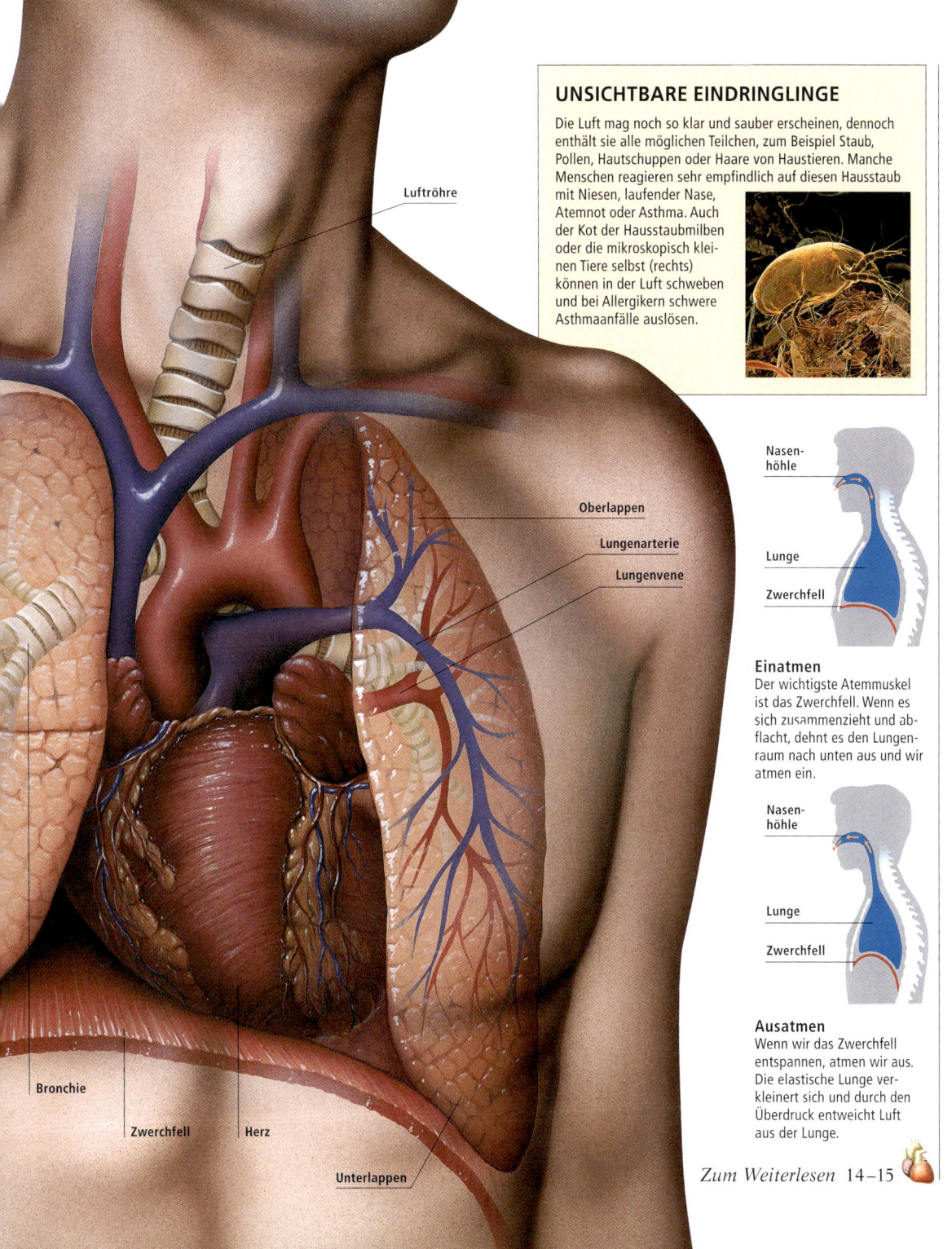

Luftröhre

Oberlappen

Lungenarterie

Lungenvene

Nasen-höhle

Lunge

Zwerchfell

Einatmen
Der wichtigste Atemmuskel ist das Zwerchfell. Wenn es sich zusammenzieht und abflacht, dehnt es den Lungenraum nach unten aus und wir atmen ein.

Nasen-höhle

Lunge

Zwerchfell

Ausatmen
Wenn wir das Zwerchfell entspannen, atmen wir aus. Die elastische Lunge verkleinert sich und durch den Überdruck entweicht Luft aus der Lunge.

Bronchie

Zwerchfell

Herz

Unterlappen

Zum Weiterlesen 14–15

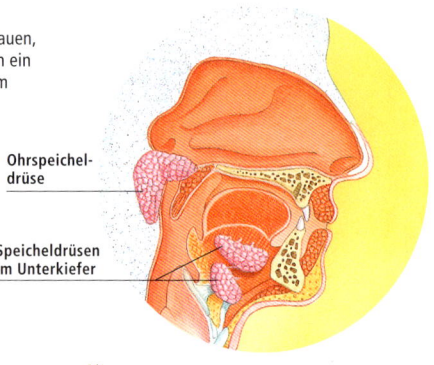

Erste Verdauung

Wenn wir die Nahrung kauen, geben die Speicheldrüsen ein wässriges Sekret ab. Beim Vermischen im Mund entsteht ein glitschiger Bissen, der leicht zu schlucken ist. Die Enzyme im Speichel lösen bereits die Stärke auf.

Ohrspeicheldrüse

Speicheldrüsen im Unterkiefer

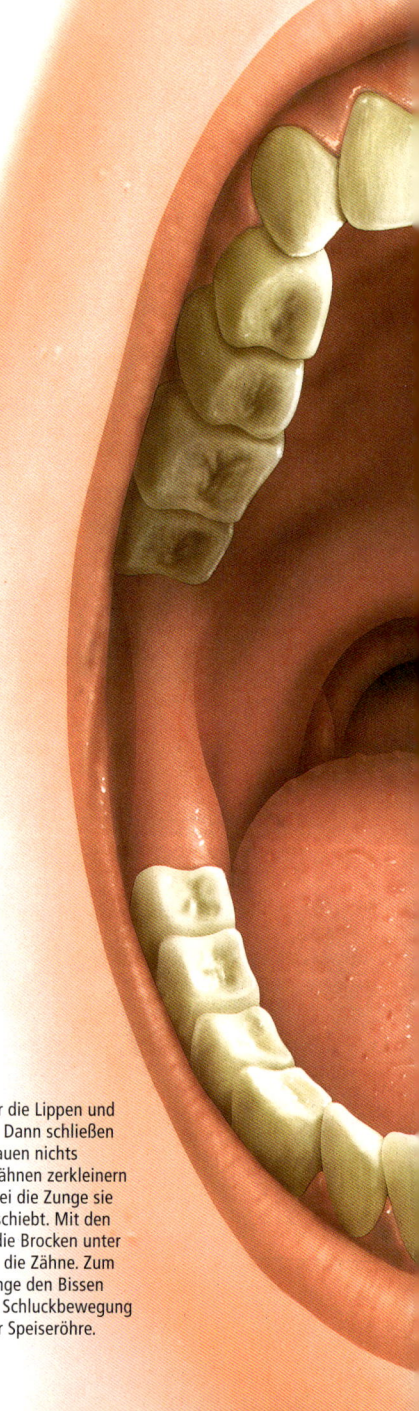

Rachen und Zähne

Die Nahrung, die wir zu uns nehmen, durchläuft in 24 Stunden unseren Körper. Sie wandert durch das Verdauungssystem und legt vom Mund bis zum After etwa acht Meter zurück. Mit dem Mund zerkleinern wir die Nahrung und speicheln sie ein. Hier beginnt schon die Verdauung. Sie wird im Magen fortgesetzt und im etwa sechs Meter langen Dünndarm abgeschlossen. Dabei wird die Nahrung auf chemischem Weg in ihre Bestandteile zerlegt. Diese sind so klein, dass die Blutgefäße der Darmwand sie aufnehmen können. Aus der Nahrung gewinnt der Körper Energie, mit der die vielen Millionen chemischer Reaktionen in Gang gesetzt werden, die uns am Leben erhalten. Die Nahrung enthält aber auch Nährstoffe, die wir für den Aufbau neuer Körperzellen und für den Ersatz bereits bestehender Zellen und Gewebe benötigen.

SCHNEIDEN, REISSEN, ZERKLEINERN

Die Formen unserer 32 Zähne sind ihren Aufgaben angepasst: Die Schneidezähne sind breit und scharf wie Meißel. Die Eckzähne sind länger und zugespitzt; mit ihnen zerreißen wir die Nahrung. Die Vorbackenzähne und Backenzähne haben breite Kauflächen zum Zerkleinern. Erwachsene haben im Ober- und Unterkiefer je 4 Schneidezähne, 2 Eckzähne, 4 Vorbackenzähne und 6 Backenzähne. Die letzten Backenzähne heißen Weisheitszähne. Das Milchgebiss der Kinder besteht nur aus 20 Zähnen.

| Schneidezahn | Eckzahn | Vorbackenzahn | Backenzahn |

Guten Appetit!

Beim Essen öffnen wir die Lippen und nehmen Nahrung auf. Dann schließen wir sie, damit beim Kauen nichts herausfällt. Mit den Zähnen zerkleinern wir die Nahrung, wobei die Zunge sie dauernd hin und her schiebt. Mit den Wangen pressen wir die Brocken unter leichtem Druck gegen die Zähne. Zum Schluss drückt die Zunge den Bissen zur Kehle hin. Mit der Schluckbewegung verschwindet er in der Speiseröhre.

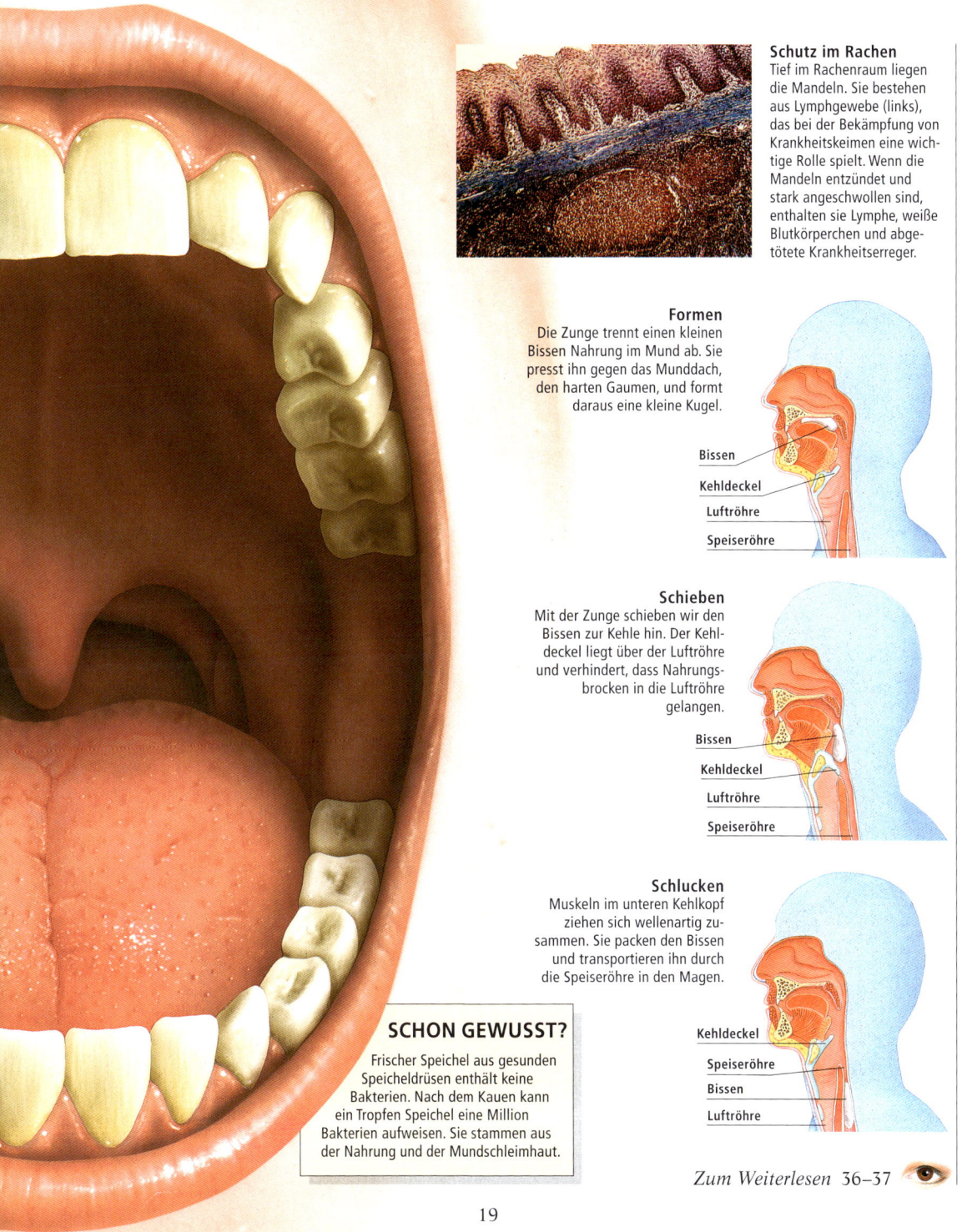

Schutz im Rachen

Tief im Rachenraum liegen die Mandeln. Sie bestehen aus Lymphgewebe (links), das bei der Bekämpfung von Krankheitskeimen eine wichtige Rolle spielt. Wenn die Mandeln entzündet und stark angeschwollen sind, enthalten sie Lymphe, weiße Blutkörperchen und abgetötete Krankheitserreger.

Formen

Die Zunge trennt einen kleinen Bissen Nahrung im Mund ab. Sie presst ihn gegen das Munddach, den harten Gaumen, und formt daraus eine kleine Kugel.

Bissen
Kehldeckel
Luftröhre
Speiseröhre

Schieben

Mit der Zunge schieben wir den Bissen zur Kehle hin. Der Kehldeckel liegt über der Luftröhre und verhindert, dass Nahrungsbrocken in die Luftröhre gelangen.

Bissen
Kehldeckel
Luftröhre
Speiseröhre

Schlucken

Muskeln im unteren Kehlkopf ziehen sich wellenartig zusammen. Sie packen den Bissen und transportieren ihn durch die Speiseröhre in den Magen.

Kehldeckel
Speiseröhre
Bissen
Luftröhre

SCHON GEWUSST?

Frischer Speichel aus gesunden Speicheldrüsen enthält keine Bakterien. Nach dem Kauen kann ein Tropfen Speichel eine Million Bakterien aufweisen. Sie stammen aus der Nahrung und der Mundschleimhaut.

Zum Weiterlesen 36–37

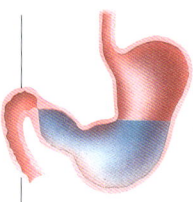

Gerade geschluckt
Die muskulösen Magen-
wände durchmischen mit
langsamen Bewegungen
die Nahrung (blau). Die
Magenschleimhaut gibt
dazu Enzyme ab, die die
Proteine aufbrechen.

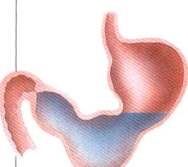

Nach einer Stunde
Der Speisebrei sieht nun
einheitlich aus und heißt
Chymus. Stärke- und
zuckerhaltige Nahrung
ist viel leichter zu ver-
dauen als fette.

Nach vier Stunden
Der Magen hat seine
Arbeit getan. Der Speise-
brei tritt portionsweise
durch den Ringmuskel
des Pförtners in den
Dünndarm über.

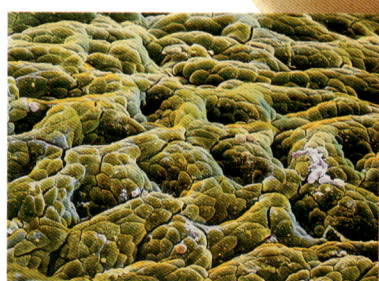

Selbstschutz
Die Magenwand (oben)
enthält winzige Drüsen, die
Säure, Enzyme und Schleim
produzieren. Die Wand
selbst ist von einer dicken
Schleimschicht bedeckt,
um eine Selbstverdauung
zu verhindern.

Gallenblase

Zwölffingerdarm

Leber

Dickdarm

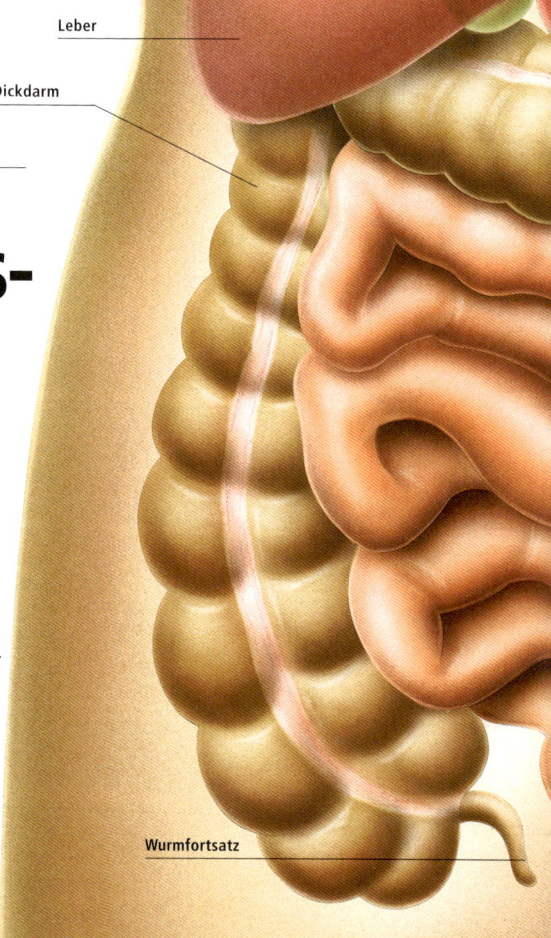

Wurmfortsatz

Der Verdauungs-trakt

Nach dem Schlucken wandert der Bissen durch die Speiseröhre in den Magen. Dieser bildet die größte Ausstülpung
des ganzen Verdauungstraktes. Der Magen ist von Muskel-
wänden umgeben und kann bis zu zwei Liter Nahrung und
Flüssigkeit aufnehmen. Die Magenwände durchmischen
den Speisebrei und geben Enzyme und starke Säuren ab,
die Proteine aufspalten. Dann wird die vorverdaute Nahrung portionsweise durch den Pförtnermuskel in den Dünndarm weitergeschoben. Dort sorgen zahlreiche Enzyme für
die endgültige Verdauung. Die Kapillaren in den Zotten
der Dünndarmwände nehmen die Nährstoffe auf. Auf den
Dünndarm folgt der Dickdarm. Hier werden dem nun
nährstoffarmen Speisebrei noch Wasser und Nährsalze
entzogen. Die braunen, halbfesten Verdauungsreste speichert schließlich der Enddarm. Den Kot oder Stuhl geben
wir von Zeit zu Zeit durch den After nach außen ab.

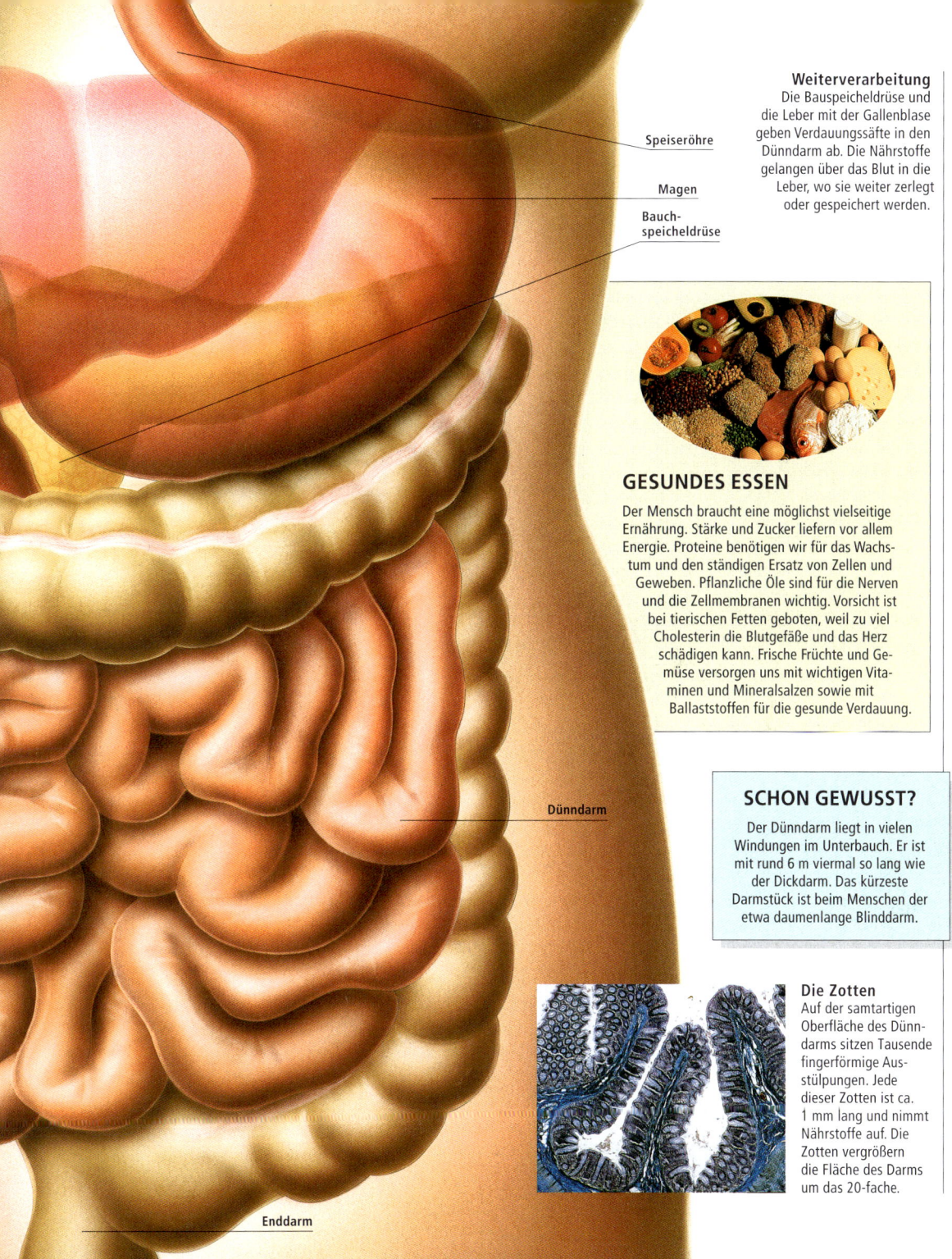

Speiseröhre

Magen

Bauch-
speicheldrüse

Weiterverarbeitung
Die Bauspeicheldrüse und
die Leber mit der Gallenblase
geben Verdauungssäfte in den
Dünndarm ab. Die Nährstoffe
gelangen über das Blut in die
Leber, wo sie weiter zerlegt
oder gespeichert werden.

GESUNDES ESSEN

Der Mensch braucht eine möglichst vielseitige
Ernährung. Stärke und Zucker liefern vor allem
Energie. Proteine benötigen wir für das Wachstum und den ständigen Ersatz von Zellen und
Geweben. Pflanzliche Öle sind für die Nerven
und die Zellmembranen wichtig. Vorsicht ist
bei tierischen Fetten geboten, weil zu viel
Cholesterin die Blutgefäße und das Herz
schädigen kann. Frische Früchte und Ge-
müse versorgen uns mit wichtigen Vita-
minen und Mineralsalzen sowie mit
Ballaststoffen für die gesunde Verdauung.

Dünndarm

SCHON GEWUSST?

Der Dünndarm liegt in vielen
Windungen im Unterbauch. Er ist
mit rund 6 m viermal so lang wie
der Dickdarm. Das kürzeste
Darmstück ist beim Menschen der
etwa daumenlange Blinddarm.

Die Zotten
Auf der samtartigen
Oberfläche des Dünn-
darms sitzen Tausende
fingerförmige Aus-
stülpungen. Jede
dieser Zotten ist ca.
1 mm lang und nimmt
Nährstoffe auf. Die
Zotten vergrößern
die Fläche des Darms
um das 20-fache.

Enddarm

Aufspalten und Ausscheiden

Zum Verdauungssystem gehören neben dem Magen und dem Darm auch die Bauchspeicheldrüse und die Leber mit der Gallenblase. Die keilförmige Bauchspeicheldrüse, die auch Pankreas heißt, liegt unmittelbar hinter dem Magen und stellt Verdauungsenzyme her. Diese gibt sie in den Dünndarm ab. Die Gallenblase unterhalb der Leber speichert Galle, eine grünlich gelbe Flüssigkeit, die bei der Verdauung von Fett hilft. Die Leber ist die größte Drüse. Sie erfüllt so zahlreiche verschiedene Aufgaben, dass man sie auch als chemische Fabrik des Körpers bezeichnet. Vor allem verarbeitet sie die Nährstoffe, die das Blut aus dem Darm heranbringt. Alle Körperzellen produzieren auch Abfälle, zum Beispiel Harnstoff. Das Blut transportiert diese Stoffe zum Ausscheidungssystem. Dort filtern die Nieren sie heraus und erzeugen den Urin, der über die Harnblase abgegeben wird.

Leber

Gallenblase

Rinde

Mark

Nierenarterie

Nierenvene

Nierenbecken

Blutfilter
Die Nierenarterien schaffen Blut heran, das in der Rinde und im Mark der Nieren gefiltert wird. Das gereinigte Blut kehrt in der Nierenvene zum Herzen zurück. Der Urin sammelt sich im Nierenbecken und fließt durch den Harnleiter in die Blase.

Ausscheidungssystem
Die Nieren liegen im Oberbauch hinten am Rücken. Der Urin fließt über die beiden Harnleiter in die Harnblase. Über die Harnröhre verlässt er den Körper.

Winzige Filter
Jede Niere enthält etwa eine Million Nierenkörperchen (oben). In 24 Stunden fließen rund 1500 l Blut durch die Nieren. Das Blut durchläuft die Nieren also über 300-mal am Tag.

Verdauungssäfte
Alle Verdauungssäfte enthalten Enzyme, die chemische Reaktionen im Körper antreiben. Die Enzyme des Speichels zerlegen die Stärke in Zuckermoleküle. Die Enzyme des Magensaftes und der Bauchspeicheldrüse spalten Proteine in einzelne Aminosäuren auf. Die Galle zerteilt Fette und Öle in winzige Tröpfchen.

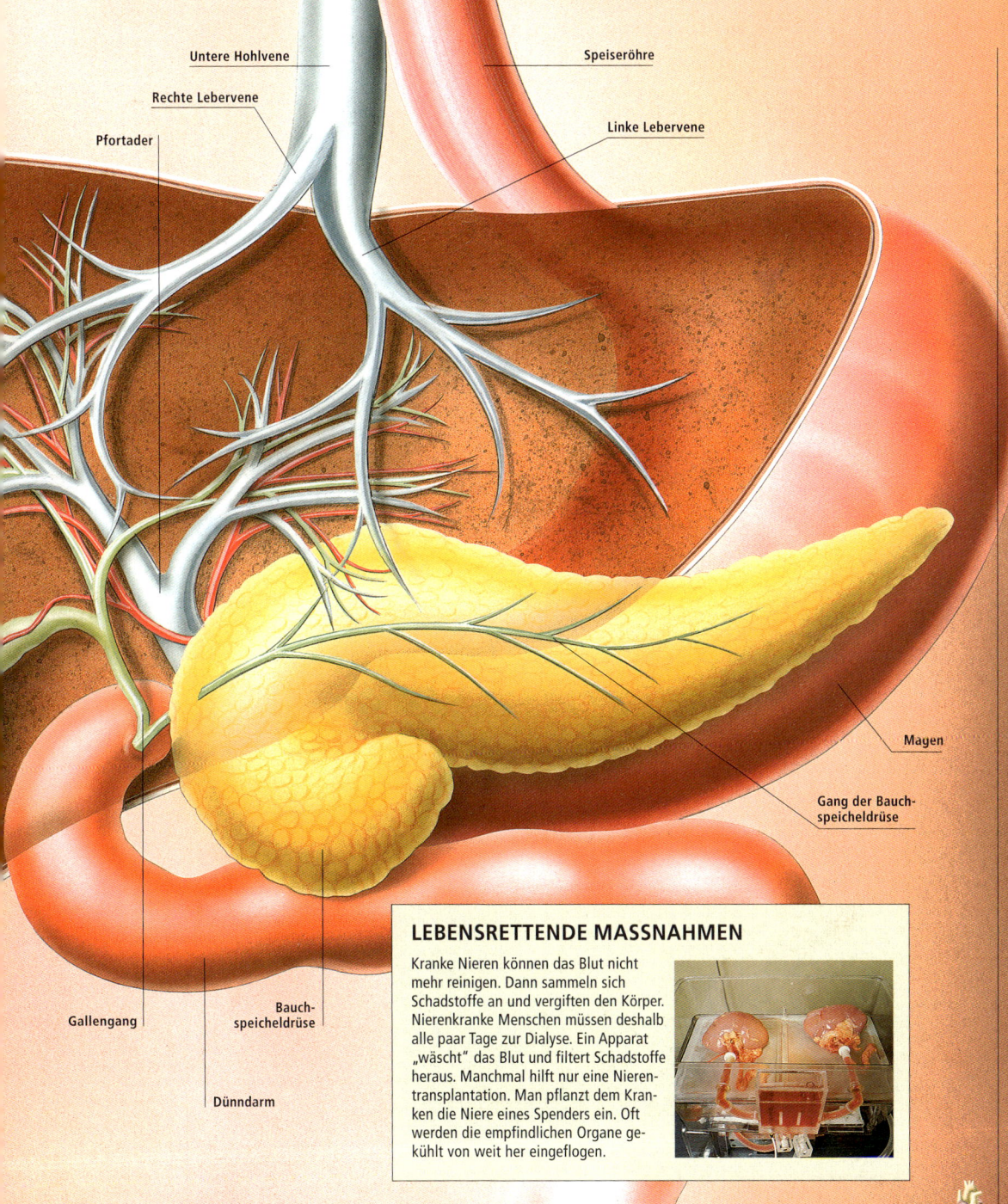

Untere Hohlvene

Rechte Lebervene

Pfortader

Speiseröhre

Linke Lebervene

Magen

Gang der Bauch-
speicheldrüse

Gallengang

Bauch-
speicheldrüse

Dünndarm

LEBENSRETTENDE MASSNAHMEN

Kranke Nieren können das Blut nicht
mehr reinigen. Dann sammeln sich
Schadstoffe an und vergiften den Körper.
Nierenkranke Menschen müssen deshalb
alle paar Tage zur Dialyse. Ein Apparat
„wäscht" das Blut und filtert Schadstoffe
heraus. Manchmal hilft nur eine Nieren-
transplantation. Man pflanzt dem Kran-
ken die Niere eines Spenders ein. Oft
werden die empfindlichen Organe ge-
kühlt von weit her eingeflogen.

Zum Weiterlesen 20–21

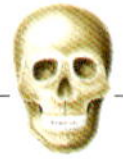

Das Skelett

Die meisten Teile unseres Körpers wie die Muskeln, die Blutgefäße und der Darm sind weich und oft formlos. Dennoch stehen wir aufrecht auf zwei Beinen. Möglich wird dies durch das Skelett, das aus 208 bis 214 starren, kräftigen Knochen besteht. Wir unterscheiden vor allem zwei Teile: die Wirbelsäule mit dem Schädel, den Rippen und dem Becken und das Skelett der vier Gliedmaßen. Ungefähr die Hälfte aller Knochen findet sich in den Hand- und Fußgelenken sowie in den Fingern und Zehen. Jeder Knochen im Körper dient als Hebel und ist so geformt, dass er die mechanischen Belastungen ohne Schaden übersteht. Die meisten Knochen sind untereinander durch bewegliche Gelenke verbunden. Sie werden über Sehnen von Muskeln bewegt. Nur weil Muskelkraft an den Knochen angreift, können wir zum Beispiel gehen, laufen und springen.

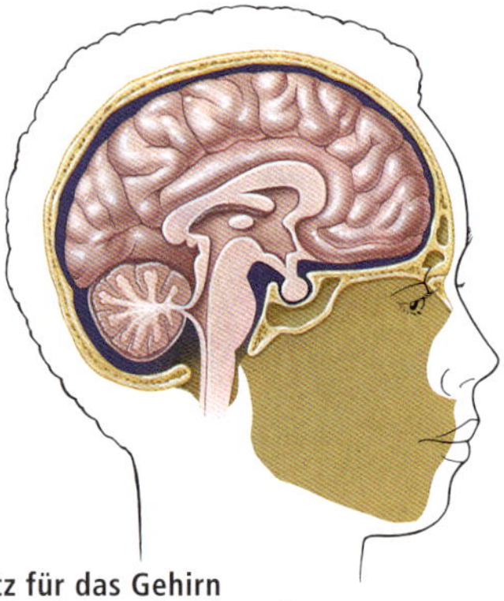

Schutz für das Gehirn
Knochen stützen und schützen. Der Schädel umschließt das empfindliche Gehirn. Die Hirnschale besteht aus acht Knochen, die durch sogenannte Nähte fest miteinander verbunden sind.

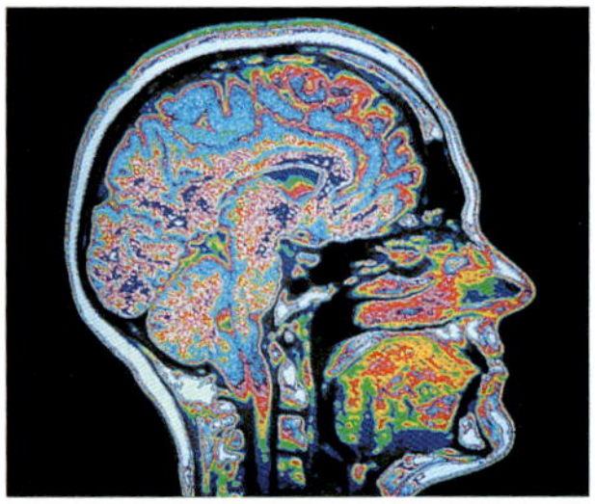

Schädelknochen
Das Gehirn ist rundum von Knochen umgeben. Nur mit Kernspintomografen gelingt ein Blick ins Innere des Gehirns.

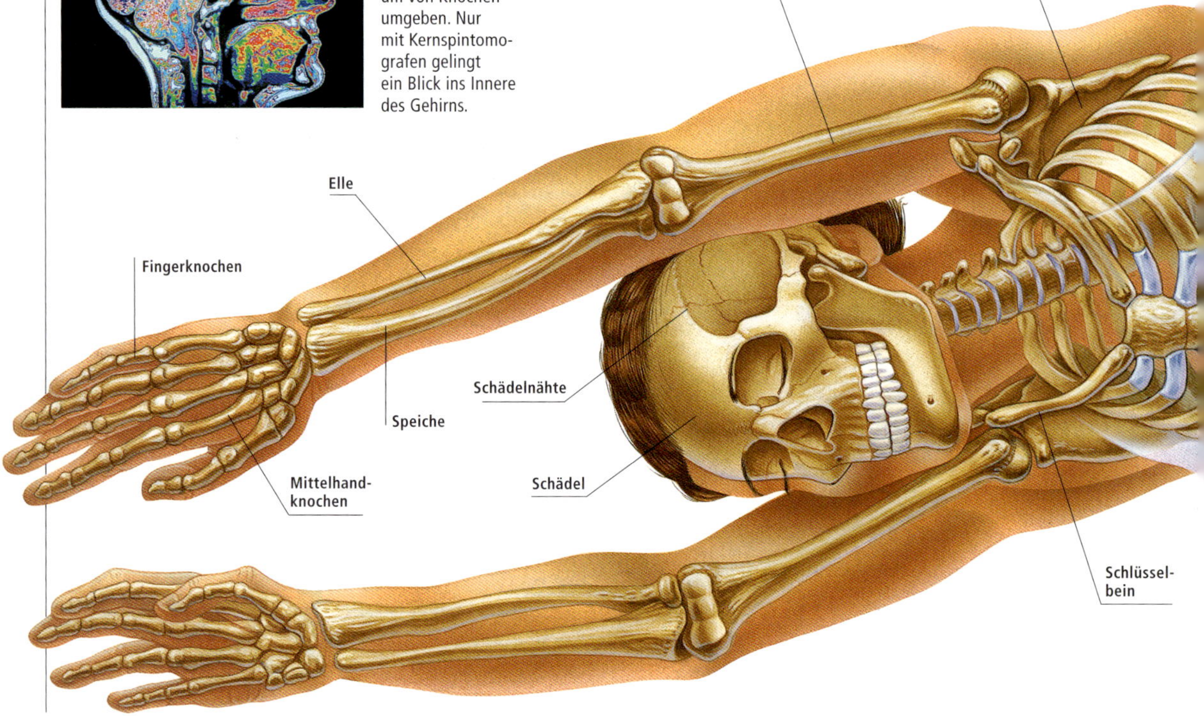

Schulterblatt

Oberarmknochen

Elle

Fingerknochen

Schädelnähte

Speiche

Schädel

Mittelhandknochen

Schlüsselbein

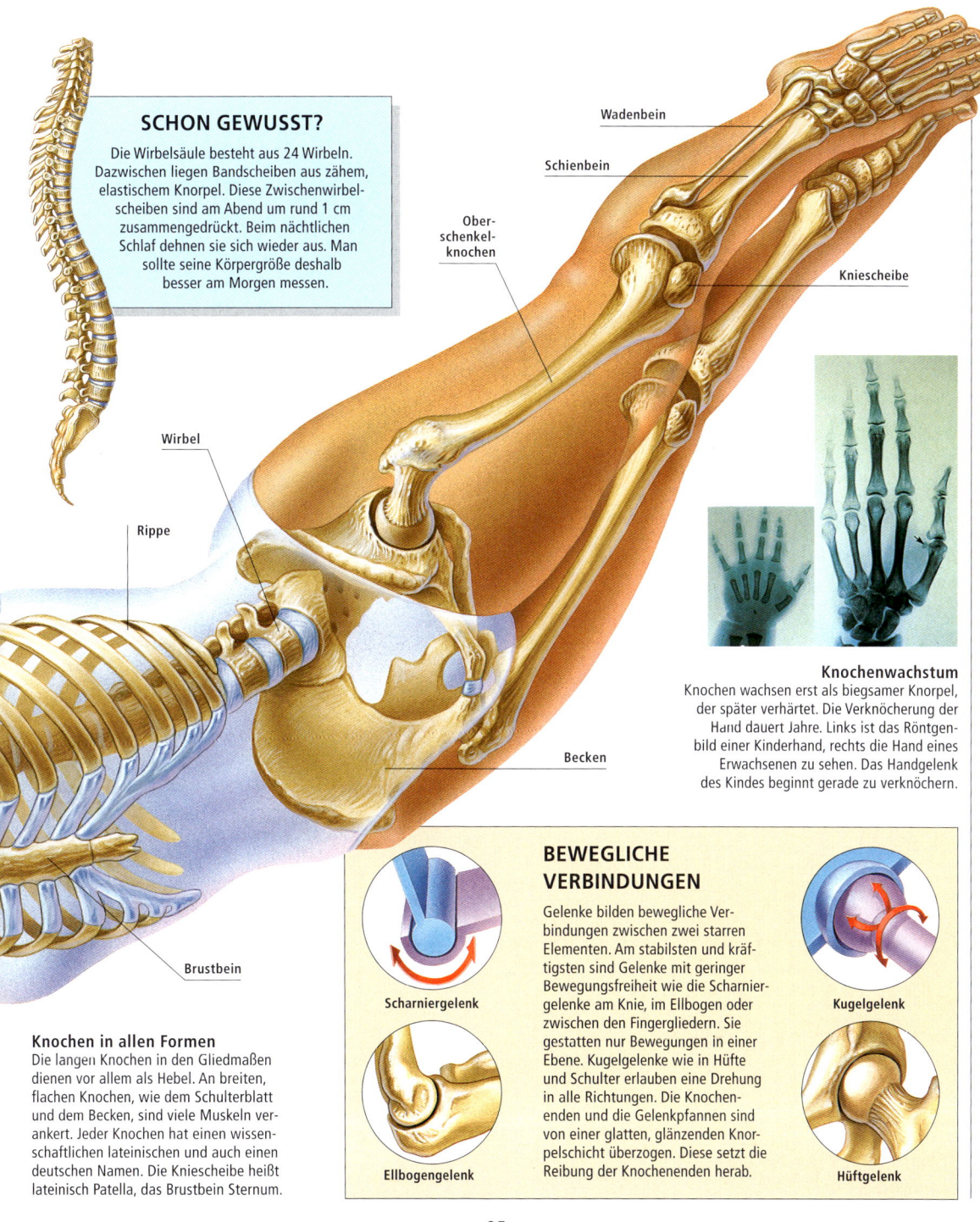

SCHON GEWUSST?

SCHON GEWUSST?

Die Wirbelsäule besteht aus 24 Wirbeln. Dazwischen liegen Bandscheiben aus zähem, elastischem Knorpel. Diese Zwischenwirbelscheiben sind am Abend um rund 1 cm zusammengedrückt. Beim nächtlichen Schlaf dehnen sie sich wieder aus. Man sollte seine Körpergröße deshalb besser am Morgen messen.

Wadenbein

Schienbein

Oberschenkelknochen

Kniescheibe

Wirbel

Rippe

Becken

Knochenwachstum
Knochen wachsen erst als biegsamer Knorpel, der später verhärtet. Die Verknöcherung der Hand dauert Jahre. Links ist das Röntgenbild einer Kinderhand, rechts die Hand eines Erwachsenen zu sehen. Das Handgelenk des Kindes beginnt gerade zu verknöchern.

Brustbein

Knochen in allen Formen
Die langen Knochen in den Gliedmaßen dienen vor allem als Hebel. An breiten, flachen Knochen, wie dem Schulterblatt und dem Becken, sind viele Muskeln verankert. Jeder Knochen hat einen wissenschaftlichen lateinischen und auch einen deutschen Namen. Die Kniescheibe heißt lateinisch Patella, das Brustbein Sternum.

BEWEGLICHE VERBINDUNGEN

Gelenke bilden bewegliche Verbindungen zwischen zwei starren Elementen. Am stabilsten und kräftigsten sind Gelenke mit geringer Bewegungsfreiheit wie die Scharniergelenke am Knie, im Ellbogen oder zwischen den Fingergliedern. Sie gestatten nur Bewegungen in einer Ebene. Kugelgelenke wie in Hüfte und Schulter erlauben eine Drehung in alle Richtungen. Die Knochenenden und die Gelenkpfannen sind von einer glatten, glänzenden Knorpelschicht überzogen. Diese setzt die Reibung der Knochenenden herab.

Scharniergelenk

Kugelgelenk

Ellbogengelenk

Hüftgelenk

Knochenhaut

Bälkchen-
knochen

Kompakter
Knochen

Knochenmark

Bälkchenknochen

Diese schwammartige Knochenart tritt an den Enden langer Knochen auf. Die Hohlräume, die den Knochen leichter machen, sind mit Zellen und Flüssigkeit gefüllt. Die Anordnung der Bälkchen entspricht den Druck- und Zuglinien.

Kompakte Knochen

Lange Knochen sind röhren-förmig. Auf der Außenseite sind sie hart und fest, das Röhren-innere enthält das weiche Knochenmark. Der Knochen ist von der sehr schmerzempfind-lichen Knochenhaut überzogen.

Aufbau des Knochens

Der Knochen ist ein lebendes Gebilde, das sich ständig ver-ändert. Das Knochengewebe setzt sich aus drei Bestand-teilen zusammen: Kollagenfasern verleihen dem Knochen eine gewisse Biegsamkeit. Kalziumphosphat (Apatit), ein Salz, das für Röntgenstrahlen undurchlässig ist, macht den Knochen hart. Der dritte Knochenbestandteil sind spezielle Zellen (Osteoblasten), die Kollagen und Kalk-salz abscheiden. Knochen sind also hart, aber bis zu einem gewissen Grad auch flexibel. Sie enthalten etwa ein Fünftel Wasser. Wie alle anderen Körperteile haben sie Blutgefäße für den Transport von Nährstoffen sowie Nerven, die Schmerzen wahrnehmen können. Unser Skelett reagiert auch auf Veränderungen. Wenn ein Sportler mit einem Kraft-training durch Gewichtheben beginnt, verstärken sich auch seine Knochen, um den neuen Belastungen gewachsen zu sein.

Eine Kuppel aus Knochen

Der menschliche Körper ist wundervoll konstruiert. Ingenieure und Architekten haben sich davon anregen lassen. Der Schädel des Menschen ist einer Kuppel vergleichbar: Beides sind leichte, aber widerstandsfähige Konstruktionen.

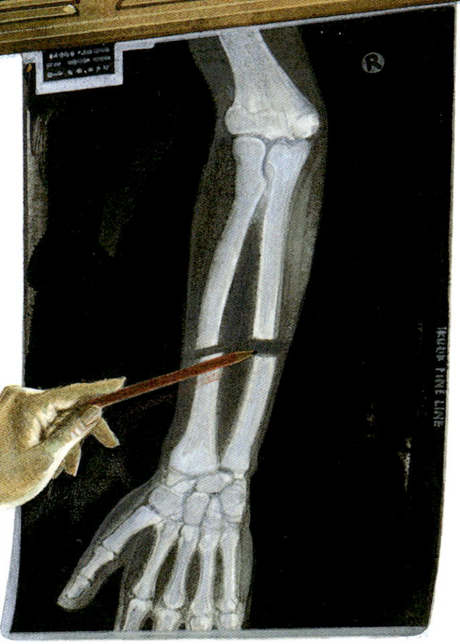

Selbstheilung

Auf Röntgenbildern treten die Knochen als scharfe, weiße Flächen hervor. Auch Risse und Brüche werden sichtbar. Ein gebrochenes Glied muss geschient oder eingegipst werden, damit die Knochenenden genau aneinanderliegen und wieder zusammenwachsen.

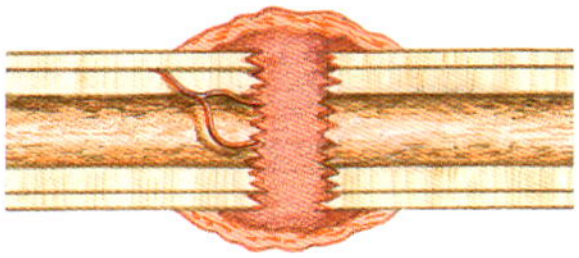

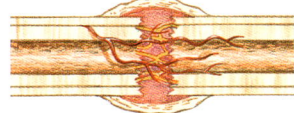

Knochenbruch

Bei einem Bruch kommt es zu einer Blutung. Das Blut gerinnt und verstopft dabei die Gefäße.

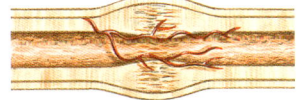

Heilung

Zellen in den beiden Bruchstücken beginnen sich zu teilen und bilden zunächst Knorpel und dann Knochen.

Wiederherstellung

Der Knorpel wird zu echtem Knochen. Erstaunlich ist, dass die ursprüngliche Form des Knochens wiederhergestellt wird.

ROTES UND GELBES KNOCHENMARK

Neugeborene haben in ihren Knochen nur rotes Knochenmark. Es produziert jeden Tag Millionen neuer roter Blutkörperchen sowie Blutplättchen und weiße Blutkörperchen. Im Lauf des Lebens wird das rote Mark vom gelben Fettmark verdrängt. Bei Erwachsenen finden wir rotes Mark nur noch in den Röhrenknochen, dem Brustbein, den Rippen, den Wirbeln und den Schädelknochen. Erkrankungen des Knochenmarks haben Auswirkungen auf das Immunsystem, das Krankheitskeime bekämpft. Bei der Leukämie vermehren sich die weißen Blutkörperchen zu stark.

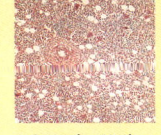

Gesundes Mark

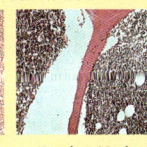

Krankes Mark

Muskelkraft

Zusammenziehen
Viele Muskeln funktio-
nieren paarweise.
Wenn sich der Bizeps
zusammenzieht oder
kontrahiert, beugt er
den Unterarm und
streckt den Trizeps.
Kontrahiert sich der
Trizeps, so streckt
sich der Arm.

Bizeps
kontrahiert

Trizeps
erschlafft

Bizeps
erschlafft

Trizeps kontrahiert

Für jede Bewegung brauchen wir Muskeln. Man unterscheidet drei
Muskeltypen: Die glatte Muskulatur in der Wand des Verdauungskanals
zieht sich langsam zusammen und transportiert auf diese Weise den
Speisebrei. Auch die Wände der Arterien und der Atemwege in der
Lunge enthalten glatte Muskulatur, die wir mit dem Willen nicht
steuern können. Die Skelettmuskulatur setzt sich aus quer gestreiften Fasern zusammen. Rund 640 solcher Muskeln hat der
Mensch. Sie machen zwei Fünftel des Körpergewichts aus.
Einige sind lang und sehr dünn, andere flach und breit, die
meisten aber spindelförmig. Skelettmuskeln sind über
Sehnen mit Knochen oder mit anderen Muskeln verbunden. Der Herzmuskel besteht
sowohl aus glatten wie quer
gestreiften Muskelfasern.

Trapez-
muskel

Schulter-
muskel

Ober-
schenkel-
muskel

Wadenmuskel

Trizeps

Gesäßmuskel   Gerader Bauchmuskel

Achillessehne

SCHON GEWUSST?

Der größte Muskel im Körper ist
der Gesäßmuskel am oberen Ende
des Oberschenkels. Der kleinste
Muskel bewegt den winzigen
Steigbügel, eines der Gehörknöchelchen im Mittelohr.

Muskelschichten
Der Mensch hat mehrere übereinander-
liegende Muskelschichten. Unter der Haut
liegen Dutzende von Skelettmuskeln. Ihre
Enden laufen in Sehnen aus, die mit den
Knochen fest verbunden sind.

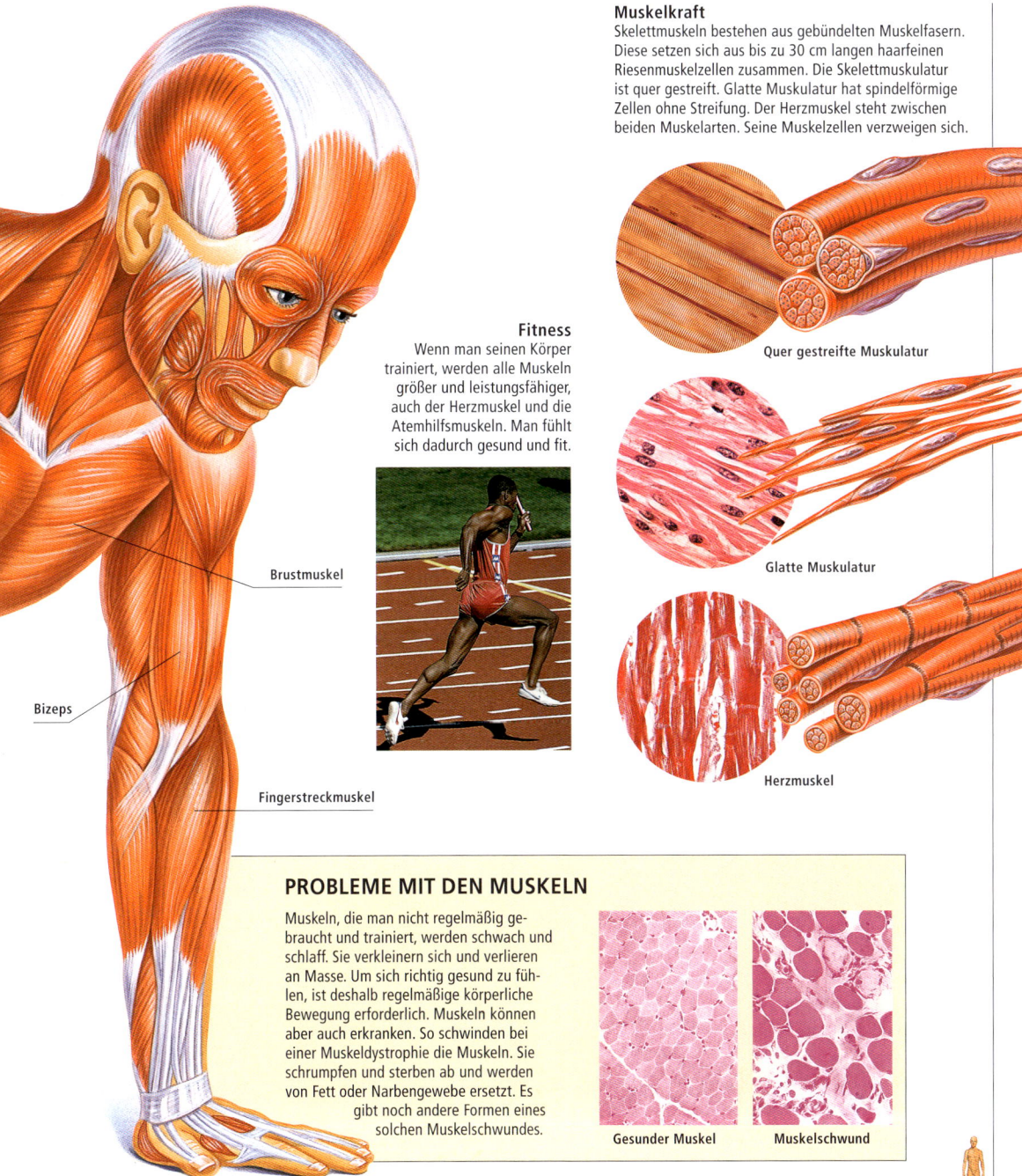

Muskelkraft

Skelettmuskeln bestehen aus gebündelten Muskelfasern. Diese setzen sich aus bis zu 30 cm langen haarfeinen Riesenmuskelzellen zusammen. Die Skelettmuskulatur ist quer gestreift. Glatte Muskulatur hat spindelförmige Zellen ohne Streifung. Der Herzmuskel steht zwischen beiden Muskelarten. Seine Muskelzellen verzweigen sich.

Quer gestreifte Muskulatur

Fitness

Wenn man seinen Körper trainiert, werden alle Muskeln größer und leistungsfähiger, auch der Herzmuskel und die Atemhilfsmuskeln. Man fühlt sich dadurch gesund und fit.

Glatte Muskulatur

Brustmuskel

Bizeps

Fingerstreckmuskel

Herzmuskel

PROBLEME MIT DEN MUSKELN

Muskeln, die man nicht regelmäßig gebraucht und trainiert, werden schwach und schlaff. Sie verkleinern sich und verlieren an Masse. Um sich richtig gesund zu fühlen, ist deshalb regelmäßige körperliche Bewegung erforderlich. Muskeln können aber auch erkranken. So schwinden bei einer Muskeldystrophie die Muskeln. Sie schrumpfen und sterben ab und werden von Fett oder Narbengewebe ersetzt. Es gibt noch andere Formen eines solchen Muskelschwundes.

Gesunder Muskel   Muskelschwund

Zum Weiterlesen 48–49

Die Haut

Die Haut ist das größte und schwerste Organ unseres Körpers. Beim Erwachsenen ist sie fast 2 m² groß und wiegt bis zu 4 kg. Die Dicke schwankt von 0,5 mm an den Augenliedern bis zu 5 mm an den Fußsohlen. Die Haut verleiht dem Körper die äußere Form und verhindert, dass Schmutz, Wasser, Krankheitskeime und schädliche Sonnenstrahlen in sie eindringen. Sie schützt uns vor Schlägen und vor Wasserverlust. Sie ist auch das wichtigste Organ zur Regelung der Körpertemperatur: Bei Kälte zieht sie sich zusammen, um Wärmeverluste zu vermeiden. Beim Schwitzen gibt sie Wasser ab, das verdunstet und kühlt. Die Haut enthält auch Sinnesorgane für Temperatur, Berührung und Schmerz.

Fingerabdruck
Die Hautleisten an den Fingerspitzen zeigen ein erblich festgelegtes Muster, das für jeden Menschen einzigartig ist. Es gibt keine zwei gleichen Fingerabdrücke. Sie bleiben ein Leben lang bestehen, obwohl sich die Haut ständig erneuert.

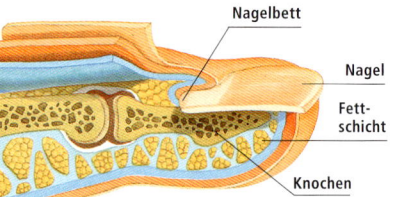

Nagelbett

Nagel

Fett-schicht

Knochen

In den Fingerspitzen
Der Fingernagel wächst vom Nagelbett aus und ist vom Nagelfalz umgeben. Der Nagel selbst besteht wie die Haare aus totem, verhorntem Gewebe.

Ein Haar fällt aus
Haare, Nägel und abgestorbene Zellen der Hautoberfläche bestehen aus dem Protein Keratin (Horn). Ein Kopfhaar (oben) lebt durchschnittlich drei Jahre. Dann fällt es aus und wird durch ein neues ersetzt.

Haartypen
Krauses Haar sieht unter dem Mikroskop im Querschnitt rechteckig aus. Gewelltes Haar hat einen ovalen Querschnitt, bei glattem Haar ist der Querschnitt rund. Die Farbe des Haares und der Haut wird vom dunklen Farbstoff Melanin bestimmt.

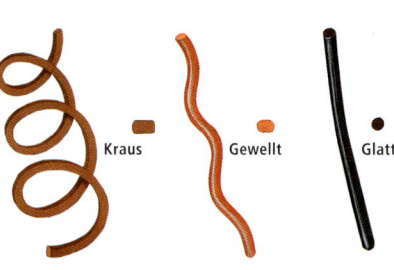

Kraus

Gewellt

Glatt

Blick in die Haut
Auf diesem vergrößerten Schnitt durch die Haut sieht man die zwei wichtigsten Schichten: die Oberhaut oder Epidermis aus widerstandsfähigen Zellen und die Lederhaut mit Sinnesorganen, Blutgefäßen und Nerven. Die verhornte oberste Zellschicht schilfert ab und wird dauernd erneuert.

Oberhaut

DIE HAUTFARBE

Mikroskopisch kleine Körner eines dunklen Farb-
stoffs, des Melanins, bestimmen die Hautfarbe.
Das Melanin wird von besonderen Zellen (Mela-
nozyten) produziert, die an der Unterseite der Oberhaut liegen. Die Hautfarbe ist erblich festgelegt.
Wenn man die Haut der Sonne aussetzt, dunkelt sie
stark nach, weil als Schutz gegen die ultravioletten
Sonnenstrahlen mehr Melanin eingelagert wird. Zu
viel Sonnenlicht kann nicht nur zu Sonnenbrand
führen, sondern verursacht auch Hautkrebs.

Dunkel   Oliv   Hell

Talgdrüse

Haarfollikel

Haar

Schweißdrüse

Fett

Sehen

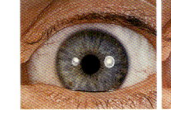
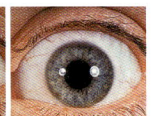

Hell und dunkel
Die Iris regelt die Öffnung der Pupille. Bei viel Licht verkleinert sie sich (links), damit die Netzhaut keinen Schaden nimmt. Bei Dämmerlicht öffnet sich die Pupille weit (rechts), um möglichst viel Licht einzulassen.

Der Mensch hat fünf Hauptsinnesorgane, die ihm Informationen über die Außenwelt liefern: die Augen, die Ohren, den Geruchs- und Geschmackssinn sowie den Tastsinn. Am wichtigsten ist für uns der Gesichtssinn. Zwei Drittel aller Informationen, die das Gehirn verarbeitet, stammen von den Augen. Licht fällt durch die gewölbte, durchsichtige Hornhaut ein und dringt durch die Pupille. Dieses Augenloch ist von einem Muskelring umgeben, der Iris oder Regenbogenhaut. Die Linse bricht die Strahlen so, dass sie auf der Netzhaut ein scharfes Bild erzeugen. Dort liegen ungefähr 130 Millionen lichtempfindliche Zellen. Sie werden vom eintreffenden Licht gereizt und senden Informationen darüber durch den Sehnerv in das Gehirn. Das Bild auf der Netzhaut steht auf dem Kopf. Im Gehirn wird es umgedreht, sodass wir es seitenrichtig „sehen".

Ein Bild der Netzhaut
Der Augenarzt sieht mit einem Augenspiegel ins Auge. Dabei erkennt er die Netzhaut und die sie versorgenden Blutgefäße (links). Der Arzt kann dabei auch Augenerkrankungen feststellen.

Sehnerv

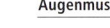

Augenmuskel

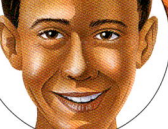

Zellen zum Sehen
In der Netzhaut liegen lichtempfindliche Zellen. Die Stäbchen (gelb) nehmen nur Grautöne wahr, dies aber auch im Dämmerlicht. Mit den Zapfen (blau) sehen wir bei genügend Licht Farben und alle Einzelheiten.

Netzhaut

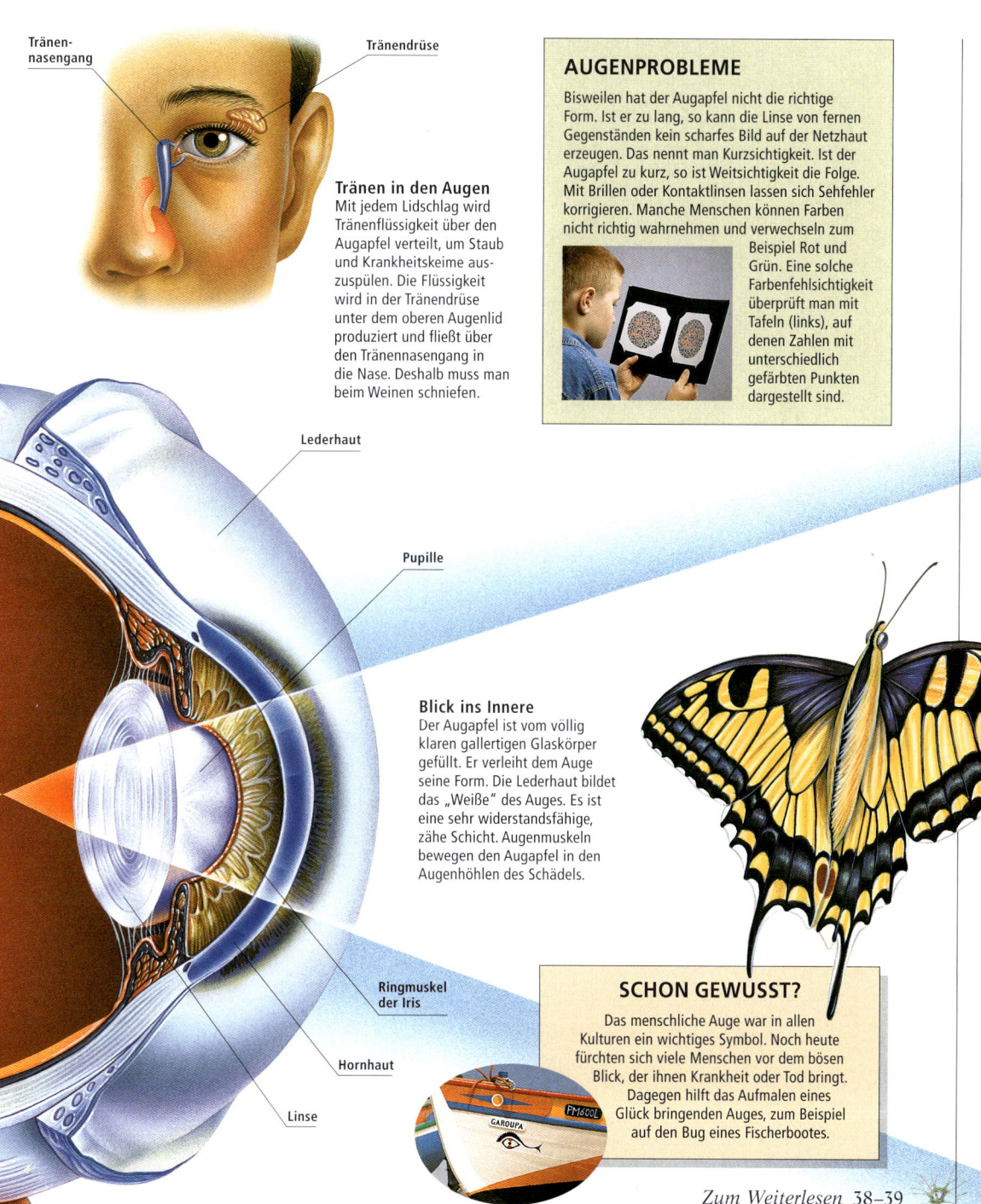

Tränen-nasengang

Tränendrüse

Tränen in den Augen

Mit jedem Lidschlag wird Tränenflüssigkeit über den Augapfel verteilt, um Staub und Krankheitskeime auszuspülen. Die Flüssigkeit wird in der Tränendrüse unter dem oberen Augenlid produziert und fließt über den Tränennasengang in die Nase. Deshalb muss man beim Weinen schniefen.

AUGENPROBLEME

Bisweilen hat der Augapfel nicht die richtige Form. Ist er zu lang, so kann die Linse von fernen Gegenständen kein scharfes Bild auf der Netzhaut erzeugen. Das nennt man Kurzsichtigkeit. Ist der Augapfel zu kurz, so ist Weitsichtigkeit die Folge. Mit Brillen oder Kontaktlinsen lassen sich Sehfehler korrigieren. Manche Menschen können Farben nicht richtig wahrnehmen und verwechseln zum Beispiel Rot und Grün. Eine solche Farbenfehlsichtigkeit überprüft man mit Tafeln (links), auf denen Zahlen mit unterschiedlich gefärbten Punkten dargestellt sind.

Lederhaut

Pupille

Blick ins Innere

Der Augapfel ist vom völlig klaren gallertigen Glaskörper gefüllt. Er verleiht dem Auge seine Form. Die Lederhaut bildet das „Weiße" des Auges. Es ist eine sehr widerstandsfähige, zähe Schicht. Augenmuskeln bewegen den Augapfel in den Augenhöhlen des Schädels.

Ringmuskel der Iris

Hornhaut

Linse

SCHON GEWUSST?

Das menschliche Auge war in allen Kulturen ein wichtiges Symbol. Noch heute fürchten sich viele Menschen vor dem bösen Blick, der ihnen Krankheit oder Tod bringt. Dagegen hilft das Aufmalen eines Glück bringenden Auges, zum Beispiel auf den Bug eines Fischerbootes.

Zum Weiterlesen 38–39

Hören

Töne und Geräusche erzeugen Schwingungen in der Luft. Diese breiten sich als Schallwellen aus. Wir nehmen die Schallwellen mit dem Ohr wahr. Die Ohrmuschel lenkt den ankommenden Schall durch das Außenohr auf das Trommelfell, das dadurch in Schwingung gerät. An der Innenseite des Trommelfells liegt ein kleiner Knochen an, der Hammer. Er gibt die auftreffenden Schwingungen über zwei weitere Gehörknöchelchen, den Amboss und den Steigbügel, an das ovale Fenster weiter. Von dort ziehen die Schwingungen in die flüssigkeitsgefüllte Schnecke, wo sie mikroskopisch feine Haare der Hörzellen in Bewegung versetzen. Die Bewegungen erzeugen Impulse, die vom Hörnerv in das Gehirn geleitet werden. Erst im Gehirn unterscheiden wir, ob es sich dabei um Musik, Lärm oder Sprache handelt.

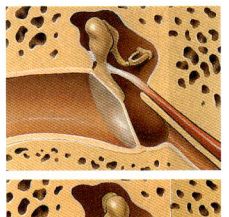

Normaldruck
Das Mittelohr liegt hinter dem Trommelfell. Die eustachische Röhre stellt über den Rachen die Verbindung nach außen her.

Druckabfall
In großer Höhe ist der Außendruck geringer und das Trommelfell wölbt sich nach außen. Der Druckausgleich erfolgt über die eustachische Röhre.

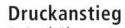

Druckanstieg
Bei erhöhtem Außendruck, etwa unter Wasser, muss man mit heftigen Schluckbewegungen für den Druckausgleich sorgen.

Außen- und Innenohr
Der Gehörgang oder das Außenohr ist etwa 3 cm lang. Die empfindlichen Teile, das Mittel- und Innenohr, liegen also tief innen im Kopf, fast hinter den Augen, und sind von den Schädelknochen geschützt.

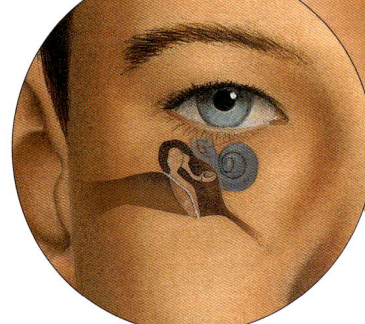

Mensch: 20–20 000

Hund: 15–50 000

Schwingungen pro Sekunde (Hz)

Fledermaus: 1000–120 000

0   100   1000   10 000   100 000

Verschiedene Frequenzen
Die Höhe oder Frequenz eines Tones wird in Schwingungen pro Sekunde (Hertz, abgekürzt Hz) angegeben. Wir Menschen hören Töne von 20–20 000 Hertz. Fledermäuse hören noch sehr hohen Ultraschall.

Blick ins Ohr
Das Außenohr lenkt die Schallwellen auf das Trommelfell. Die Gehörknöchelchen übertragen die Schwingungen auf das ovale Fenster. In der Schnecke werden die Schwingungen in elektrische Impulse umgewandelt.

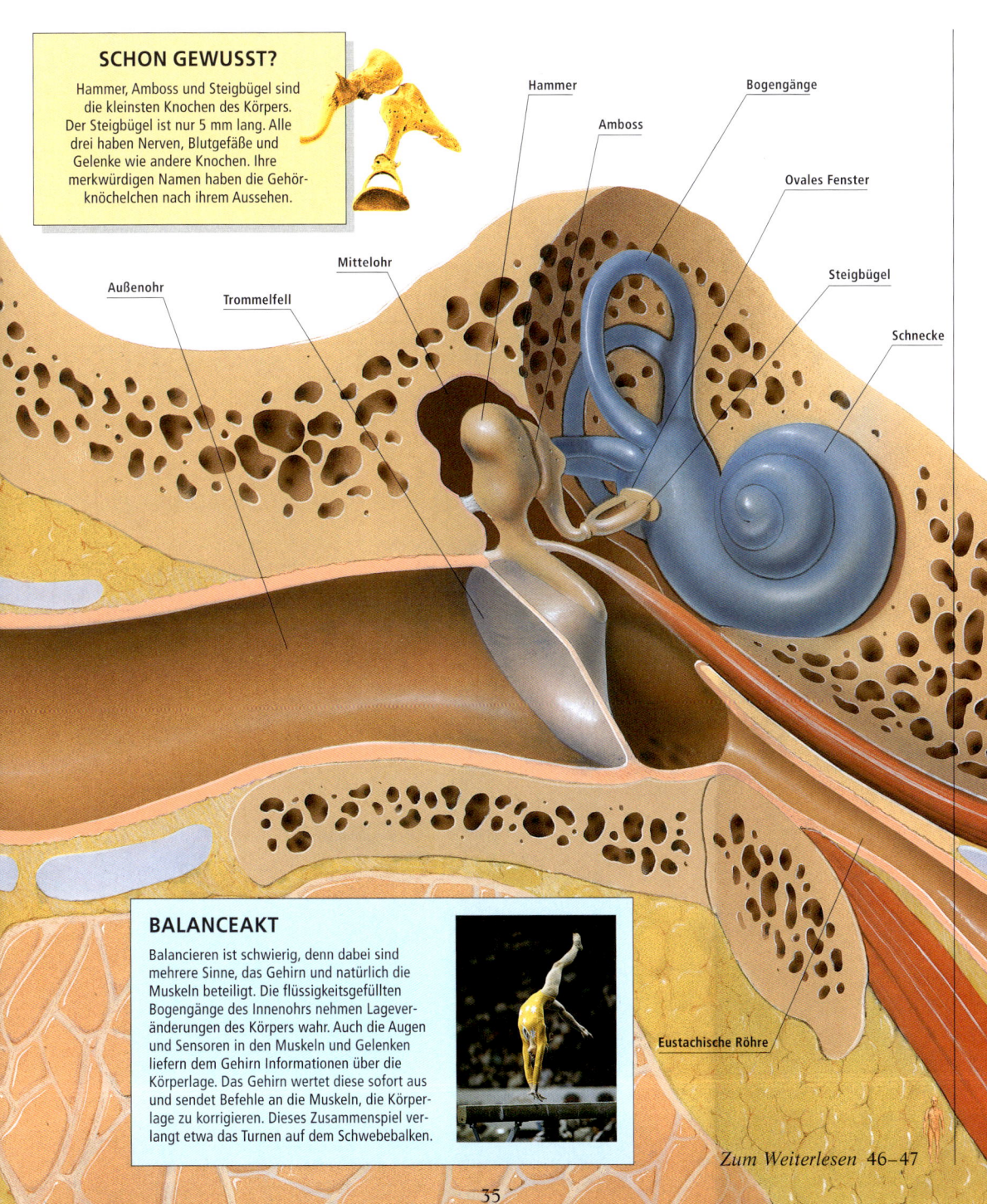

SCHON GEWUSST?

Hammer, Amboss und Steigbügel sind die kleinsten Knochen des Körpers. Der Steigbügel ist nur 5 mm lang. Alle drei haben Nerven, Blutgefäße und Gelenke wie andere Knochen. Ihre merkwürdigen Namen haben die Gehörknöchelchen nach ihrem Aussehen.

Hammer

Amboss

Bogengänge

Ovales Fenster

Steigbügel

Schnecke

Außenohr

Trommelfell

Mittelohr

BALANCEAKT

Balancieren ist schwierig, denn dabei sind mehrere Sinne, das Gehirn und natürlich die Muskeln beteiligt. Die flüssigkeitsgefüllten Bogengänge des Innenohrs nehmen Lageveränderungen des Körpers wahr. Auch die Augen und Sensoren in den Muskeln und Gelenken liefern dem Gehirn Informationen über die Körperlage. Das Gehirn wertet diese sofort aus und sendet Befehle an die Muskeln, die Körperlage zu korrigieren. Dieses Zusammenspiel verlangt etwa das Turnen auf dem Schwebebalken.

Eustachische Röhre

Zum Weiterlesen 46–47

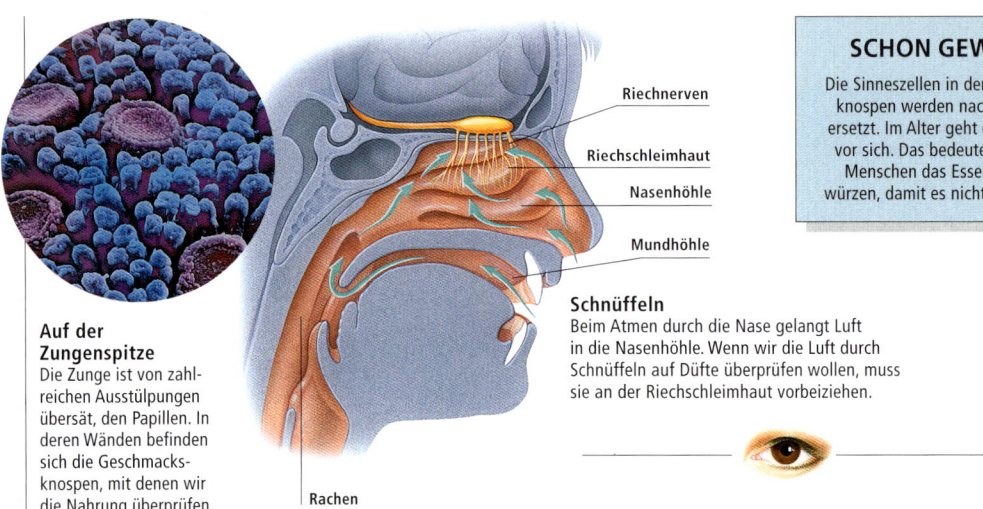

Riechnerven

Riechschleimhaut

Nasenhöhle

Mundhöhle

Rachen

Auf der Zungenspitze
Die Zunge ist von zahl-
reichen Ausstülpungen
übersät, den Papillen. In
deren Wänden befinden
sich die Geschmacks-
knospen, mit denen wir
die Nahrung überprüfen.

Schnüffeln
Beim Atmen durch die Nase gelangt Luft
in die Nasenhöhle. Wenn wir die Luft durch
Schnüffeln auf Düfte überprüfen wollen, muss
sie an der Riechschleimhaut vorbeiziehen.

Schmecken

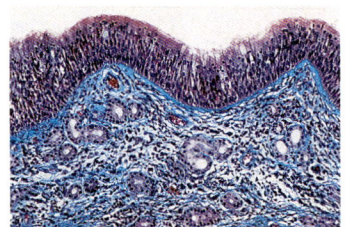

Haare für den Geruchssinn
Die linke und die rechte Riechschleimhaut
enthält jeweils etwa 10 Millionen Zellen. Jede
Zelle trägt am Ende ein Büschel aus bis zu
20 Riechhärchen. Diese können die vielen
verschiedenen Gerüche unterscheiden. Wie
das genau geschieht, weiß man noch nicht.

Der Geschmackssinn und der Geruchssinn funktionieren auf ähnliche
Weise. Beide reagieren auf chemische Stoffe. Mit dem Geschmackssinn überprüfen wir unsere Nahrung. Beim Kauen lösen sich die
Geschmacksstoffe im wässrigen Speichel. Über 8000 Geschmacksknospen auf der Zungenoberfläche nehmen diese Stoffe wahr. Jede
Geschmacksknospe besteht aus bis zu 50 Sinneszellen, die ähnlich
wie die Schnitze einer Orange angeordnet sind. Mit dem Geruchssinn nehmen wir chemische Stoffe in der Luft auf. Das Geruchsorgan
ist die Riechschleimhaut in der Nase. Mit dem Geruchssinn können
wir weit über 10 000 verschiedene Gerüche unterscheiden, während
der Geschmackssinn nur vier Unterscheidungen umfasst. Wenn
uns das Essen also „schmeckt", so „riecht" es eigentlich gut.

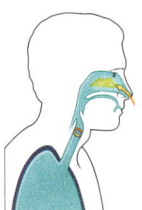

Haaa ...
Wir müssen niesen,
wenn Staub, Tierhaare
oder Pollen auf die
Nasenschleimhaut ge-
langen und sie reizen.

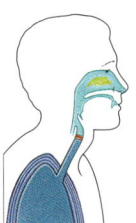

... aaa ...
Rachen und Luftröhre
werden geschlossen.
Muskeln in Brust und
Unterleib pressen die
Lunge zusammen.

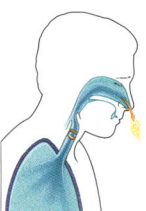

... tschi!
Luftröhre und Rachen
machen wieder auf.
Die Luft mit den Staub-
teilchen wird durch die
Nase ausgestoßen.

Der Eindruck im Gehirn
Wenn die Geschmacksknospen der
Zunge bestimmte Merkmale wahrnehmen, senden sie mit den Nerven elektrische Impulse an das Gehirn. Dieses
empfängt die Signale und identifiziert
den Geschmack. Geruchsinformationen
ziehen über die Riechnerven und den
Riechkolben zu den Riechzentren im
Gehirn. Die Geschmacks- und die Geruchs-
empfindung entstehen also im Gehirn.

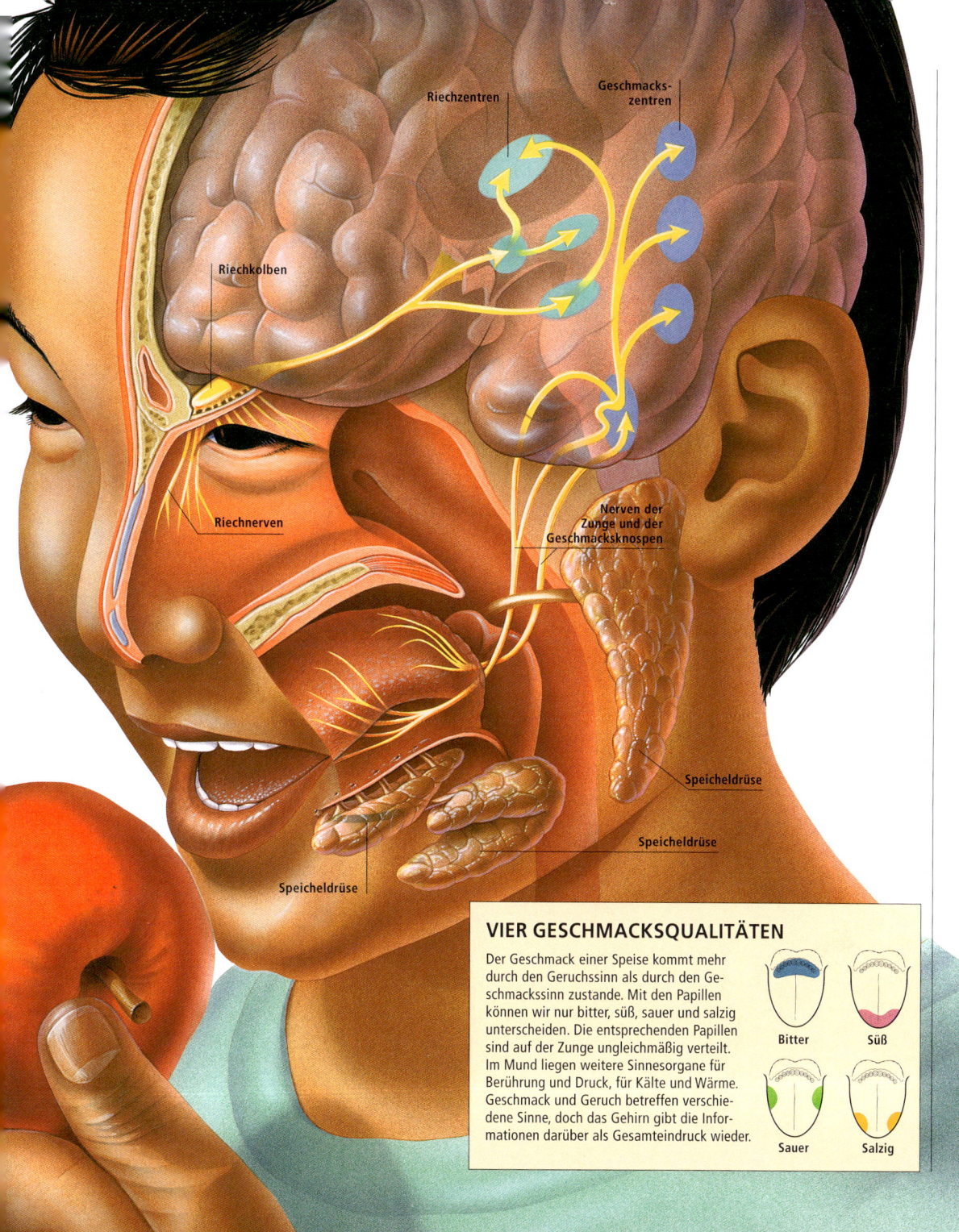

Riechzentren

Geschmacks-
zentren

Riechkolben

Riechnerven

Nerven der
Zunge und der
Geschmacksknospen

Speicheldrüse

Speicheldrüse

Speicheldrüse

VIER GESCHMACKSQUALITÄTEN

Der Geschmack einer Speise kommt mehr
durch den Geruchssinn als durch den Geschmackssinn zustande. Mit den Papillen
können wir nur bitter, süß, sauer und salzig
unterscheiden. Die entsprechenden Papillen
sind auf der Zunge ungleichmäßig verteilt.
Im Mund liegen weitere Sinnesorgane für
Berührung und Druck, für Kälte und Wärme.
Geschmack und Geruch betreffen verschiedene Sinne, doch das Gehirn gibt die Informationen darüber als Gesamteindruck wieder.

Bitter

Süß

Sauer

Salzig

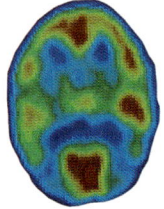
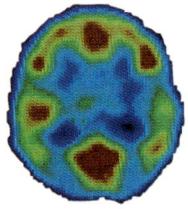
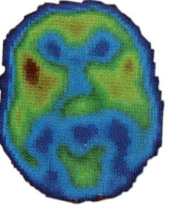
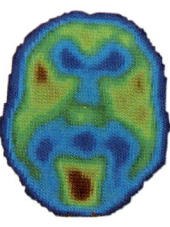

Musik hören   Sprache verstehen   Augen geschlossen   Augen offen

Beim Denken zusehen

Mit der Positronen-Emissions-Tomografie (PET) kann man nachweisen, welche Gehirnregionen bei bestimmten Tätigkeiten am aktivsten sind. Man kann damit die Aufgaben der verschiedenen Hirnteile herausfinden.

Das Gehirn

Das Gehirn ist das Kontrollzentrum des Körpers. Die Nervensignale von den Augen, den Ohren und den anderen Sinnesorganen gelangen ins Gehirn und werden dort sortiert und ausgewertet. Alle Signale informieren das Gehirn über die Bedingungen außerhalb des Körpers. Das Gehirn entscheidet, was zu unternehmen ist, und sendet seinerseits Nervenimpulse an die Muskeln. Auch viele Sensoren im Inneren des Körpers informieren das Gehirn, zum Beispiel über Temperatur und Druck des Blutes, über Sauerstoff- und Kohlendioxidgehalt, über Nährstoffe und Wassermenge. Das Gehirn steuert automatisch die Atmung, die Verdauung und weitere Prozesse. Wenn der Anteil der Nährstoffe in den Körperflüssigkeiten sinkt, dann bewirkt das Gehirn, dass wir uns hungrig fühlen. Mit dem Gehirn denken, fühlen und träumen wir.

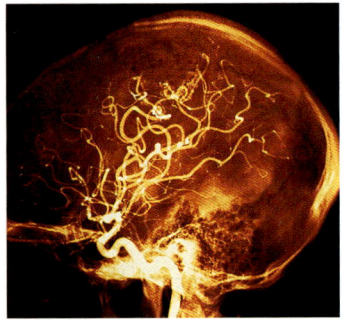

Blutversorgung

In diesem Angiogramm sehen wir die Arterien, die das Gehirn mit Blut versorgen. Mit Gefäßbildern oder Angiogrammen kann man Hirnschläge oder Hirntumoren aufspüren. Wenn die Blutzufuhr zum Gehirn nur für wenige Minuten unterbrochen ist, stirbt es ab.

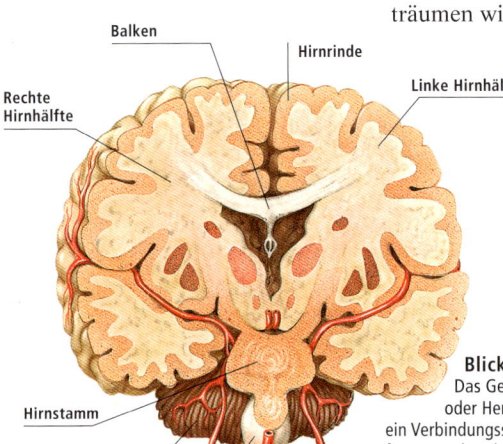

Balken

Hirnrinde

Linke Hirnhälfte

Rechte Hirnhälfte

Hirnstamm

Kleinhirn

Rückenmark

SCHON GEWUSST?

Das Gehirn macht nur ein Fünfzigstel des gesamten Körpergewichts aus, verbraucht aber ein Fünftel der gesamten Energie. Dies bedeutet, dass das Gehirn zehnmal so energiehungrig ist wie die übrigen Körperteile – ob wir nun denken oder schlafen.

Blick ins Gehirn

Das Gehirn besteht aus zwei Hirnhälften oder Hemisphären. Sie sind über den Balken, ein Verbindungsstück mit 100 Millionen Nervenfasern, verbunden. Das bewusste Denken und die Gefühle haben ihren Sitz in der grauen Großhirnrinde. Das Kleinhirn steuert zum Beispiel die Bewegungen. Der Hirnstamm verbindet das Gehirn mit dem Rückenmark.

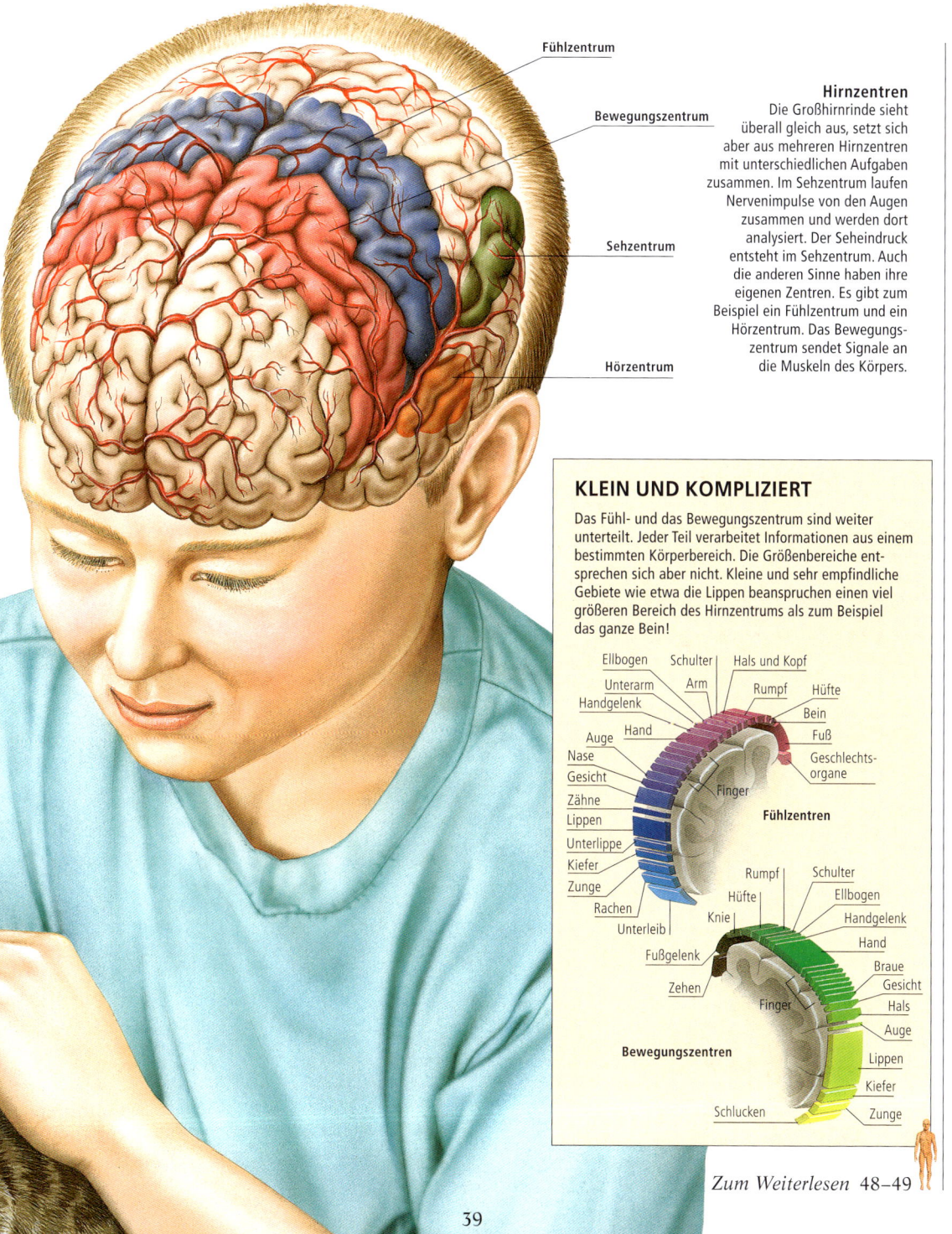

Fühlzentrum

Bewegungszentrum

Sehzentrum

Hörzentrum

Hirnzentren

Die Großhirnrinde sieht überall gleich aus, setzt sich aber aus mehreren Hirnzentren mit unterschiedlichen Aufgaben zusammen. Im Sehzentrum laufen Nervenimpulse von den Augen zusammen und werden dort analysiert. Der Seheindruck entsteht im Sehzentrum. Auch die anderen Sinne haben ihre eigenen Zentren. Es gibt zum Beispiel ein Fühlzentrum und ein Hörzentrum. Das Bewegungszentrum sendet Signale an die Muskeln des Körpers.

KLEIN UND KOMPLIZIERT

Das Fühl- und das Bewegungszentrum sind weiter unterteilt. Jeder Teil verarbeitet Informationen aus einem bestimmten Körperbereich. Die Größenbereiche entsprechen sich aber nicht. Kleine und sehr empfindliche Gebiete wie etwa die Lippen beanspruchen einen viel größeren Bereich des Hirnzentrums als zum Beispiel das ganze Bein!

Ellbogen · Schulter · Hals und Kopf
Unterarm · Arm · Rumpf · Hüfte
Handgelenk · Bein
Hand · Fuß
Auge · Geschlechts-
Nase · organe
Gesicht
Zähne
Lippen · Finger
Unterlippe · **Fühlzentren**
Kiefer
Zunge
Rachen
Unterleib

Rumpf · Schulter
Hüfte · Ellbogen
Knie · Handgelenk
Hand
Fußgelenk · Braue
Zehen · Gesicht
Finger · Hals
Auge
Bewegungszentren · Lippen
Kiefer
Schlucken · Zunge

Zum Weiterlesen 48–49

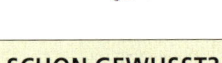

SCHON GEWUSST?

Wenn man längere Zeit in unbequemer
Haltung sitzt, werden die Nerven und Blutgefäße eingeklemmt und nicht mehr mit
Nährstoffen und Sauerstoff versorgt. Der
betreffende Körperteil „schläft ein" und fühlt
sich taub an. Ändert man die Körperhaltung,
beginnt es zu „kribbeln".

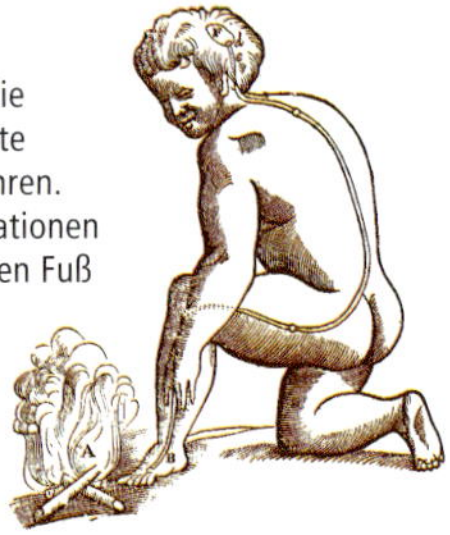

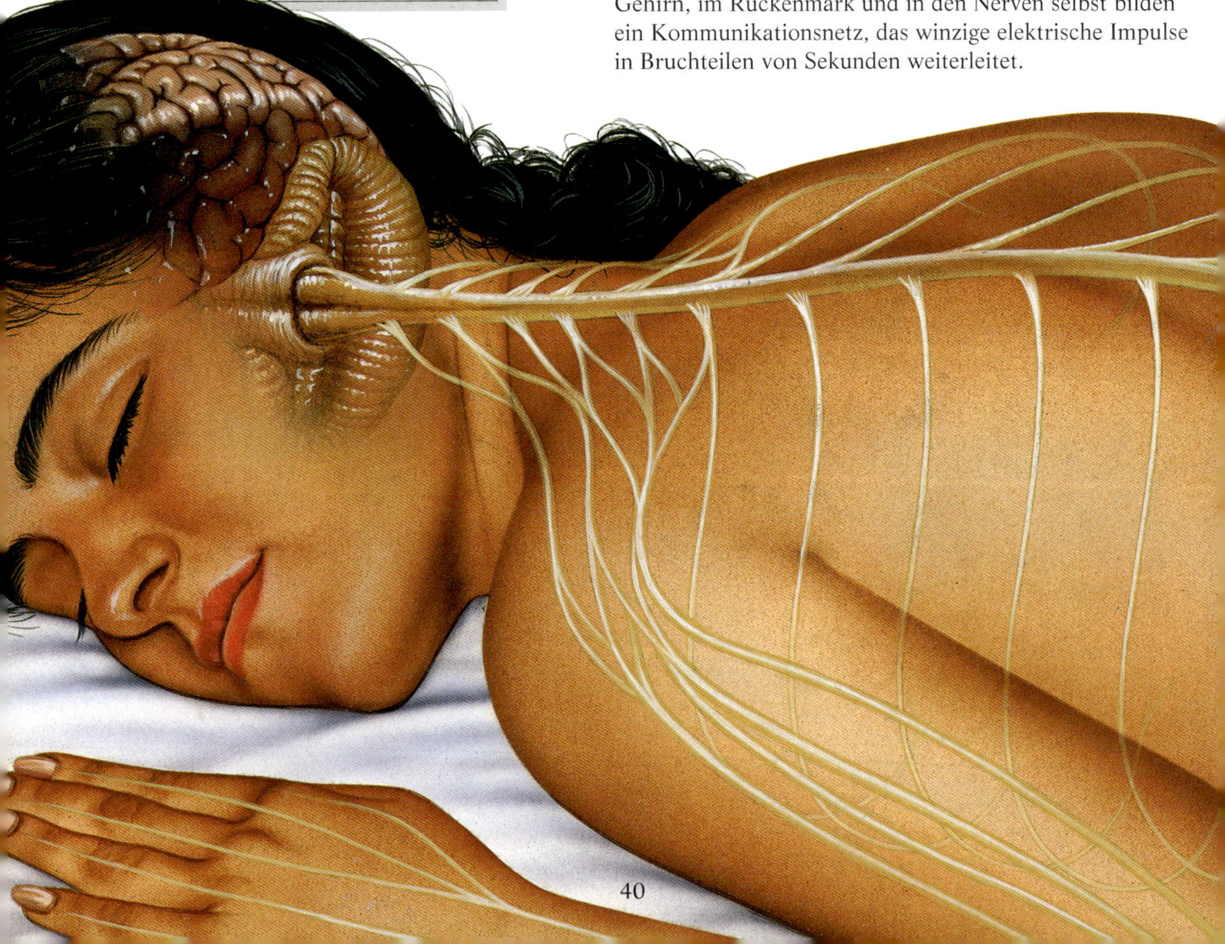

Nervenbündel

Das Gehirn ist mit anderen Körperteilen über lange,
dünne Verbindungsstränge, die Nerven, verbunden. Der
größte Nerv ist das Rückenmark. Es besteht aus Millionen von Nervenzellen, die lange, drahtförmige Ausläufer
entsenden. Das Rückenmark ist rund 45 Zentimeter lang
und so dick wie ein Zeigefinger. Von ihm zweigen Nerven
ab, die die Verbindung zur Haut, zu den Muskeln und den
übrigen Körperteilen herstellen. Am oberen Ende ist das
Rückenmark fest mit dem Gehirn verbunden, am unteren
Ende fächert es sich in viele Nervenstränge auf, fast wie
ein Pferdeschwanz. Die Billionen von Nervenzellen im
Gehirn, im Rückenmark und in den Nerven selbst bilden
ein Kommunikationsnetz, das winzige elektrische Impulse
in Bruchteilen von Sekunden weiterleitet.

Ein Verbund aus Zellen

Jede Nervenzelle (Neuron) hat verzweigte Ausläufer (Dendriten), die an den Verbundstellen (Synapsen) Signale aus anderen Nervenzellen übernehmen. Das lang gestreckte Axon leitet sie an die nächste Nervenzelle weiter.

Zellkörper der
Nervenzelle

Sprung über den Spalt

Nervenzellen sind an Synapsen trillionenfach miteinander verbunden. Sie berühren sich aber nicht, sondern sind durch einen synaptischen Spalt getrennt. Die Nervenimpulse überqueren diesen Spalt in Form chemischer Stoffe. Diese Neurotransmitter lösen im nächsten Nerv einen elektrischen Impuls aus.

Synaptischer Spalt

Axon

Dendrit

Synapse

SCHNELLER ALS GEDACHT

Bisweilen reagiert unser Körper schneller als das Gehirn, um eine Gefahr zu vermeiden. Wenn ein Ball auf unseren Kopf zufliegt, schließen wir die Augen, drehen den Kopf weg und heben schützend die Arme. Eine solche automatische Reaktion heißt Reflex. An vielen Reflexen ist das Gehirn gar nicht beteiligt. Wenn wir etwas sehr Heißes anfassen, sendet die Haut Nervenimpulse an das Rückenmark. Dieses schickt sofort Befehle an die Armmuskeln, die Hand zurückzuziehen. Erst danach gelangt die Information an das Gehirn.

Kniesehnenreflex

Reflexhaftes Zurückziehen

Ein biegsamer Tunnel

Ein Tunnel, der von Hohlräumen in den Wirbeln gebildet wird, schützt das Rückenmark vor Verletzungen. Wie das Gehirn ist auch das Rückenmark von drei Schichten umgeben, den Ausläufern der Hirnhäute. Vom Rückenmark zweigen 31 Nervenpaare ab und versorgen alle übrigen Körperteile.

Wirbel

Rückenmark

Nerv

Bandscheibe

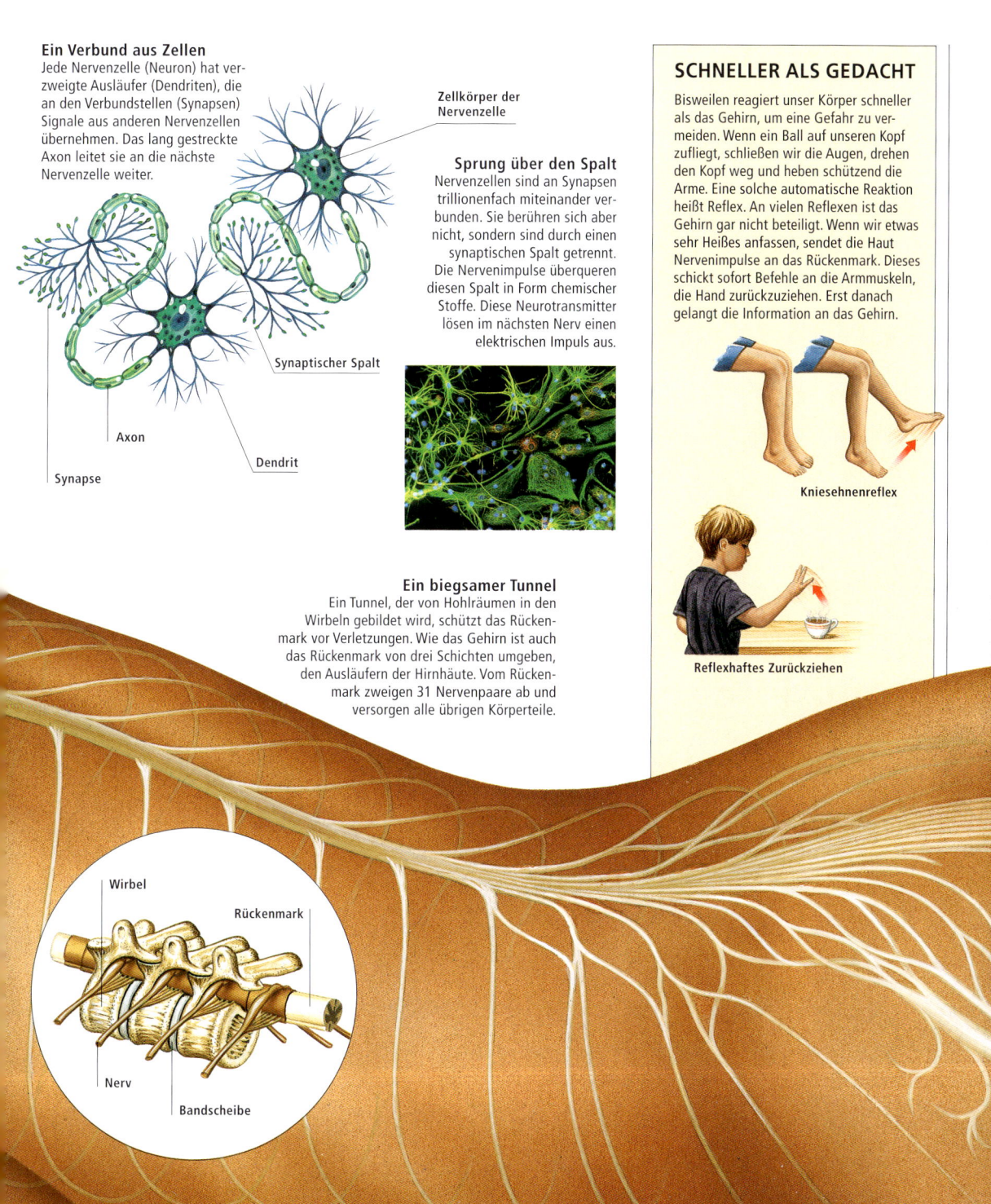

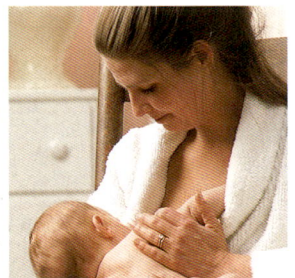

Muttermilch
Die Hypophyse produziert mehrere Hormone, darunter auch das Oxytocin, das die Milchausschüttung der Brustdrüsen fördert.

Bartwuchs
Testosteron, das männliche Geschlechtshormon, wird in den Hoden hergestellt. Es ist für die tiefe Stimme und die Gesichtsbehaarung verantwortlich.

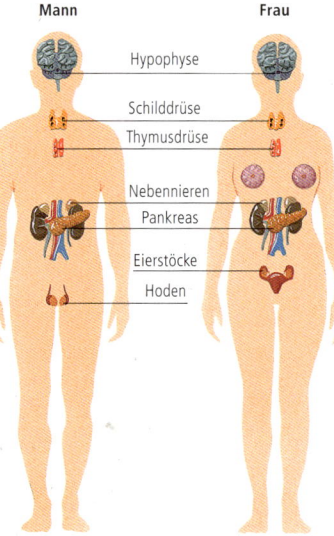

Mann   Frau

Hypophyse

Schilddrüse

Thymusdrüse

Nebennieren

Pankreas

Eierstöcke

Hoden

Hormondrüsen
Im Bild links sind die wichtigsten Hormondrüsen des Körpers dargestellt. Aber auch die Nieren, der Magen, der Darm, das Herz und andere Organe stellen eigene Hormone her.

Kalziumregelung
Auf der Schilddrüse liegen vier linsenförmige Nebenschilddrüsen, die das Hormon Parathormon herstellen. Dieses Hormon hebt den Spiegel von Kalziumsalzen (oben) im Blut und in den Knochen.

Adrenalinstoß!
Eine Fahrt mit der Achterbahn bringt das Herz zum Rasen. Der Blutdruck steigt, die Atmung beschleunigt sich, die Muskeln sind angespannt, die Pupillen geöffnet. All dies bewirkt das Adrenalin, ein Hormon des Nebennierenmarks. Es macht den Körper wach und bereitet ihn auf den Kampf oder die Flucht vor.

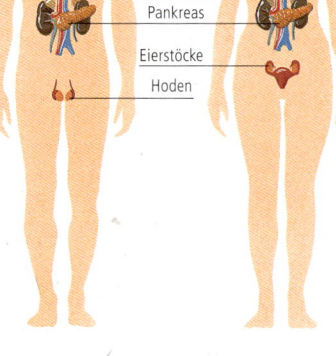

Die Hormone

Der Körper wird nicht nur vom Gehirn und den Nerven gesteuert. Die Steuerung der Körpervorgänge durch chemische Stoffe, die Hormone, erfolgt viel langsamer. Hormone regeln den Flüssigkeits- und Mineralstoffhaushalt des Körpers und das Wachstum. Bisher sind über fünfzig Hormone bekannt. Sie kreisen im Blut und regen bestimmte Gebiete des Körpers zur Tätigkeit an, zum Beispiel einzelne Organe oder Gewebe. Das Hormon der Schilddrüse, das Thyroxin, bestimmt, wie viel Energie die Zellen verbrauchen. Die Thymusdrüse beim Kind stellt Hormone her, die weiße Blutkörperchen zur Krankheitsabwehr anregen. Mit den Hormonen der Nebennieren regelt der Körper den Gehalt an Natrium und anderen Mineralsalzen. Besonders schnell wirkt das Nebennierenhormon Adrenalin, das bei Stress ausgeschüttet wird. Die erbsengroße Hypophyse, die direkt unter dem Gehirn liegt, steuert das gesamte Hormonsystem und stellt die Verbindung zum Gehirn und den Nerven her.

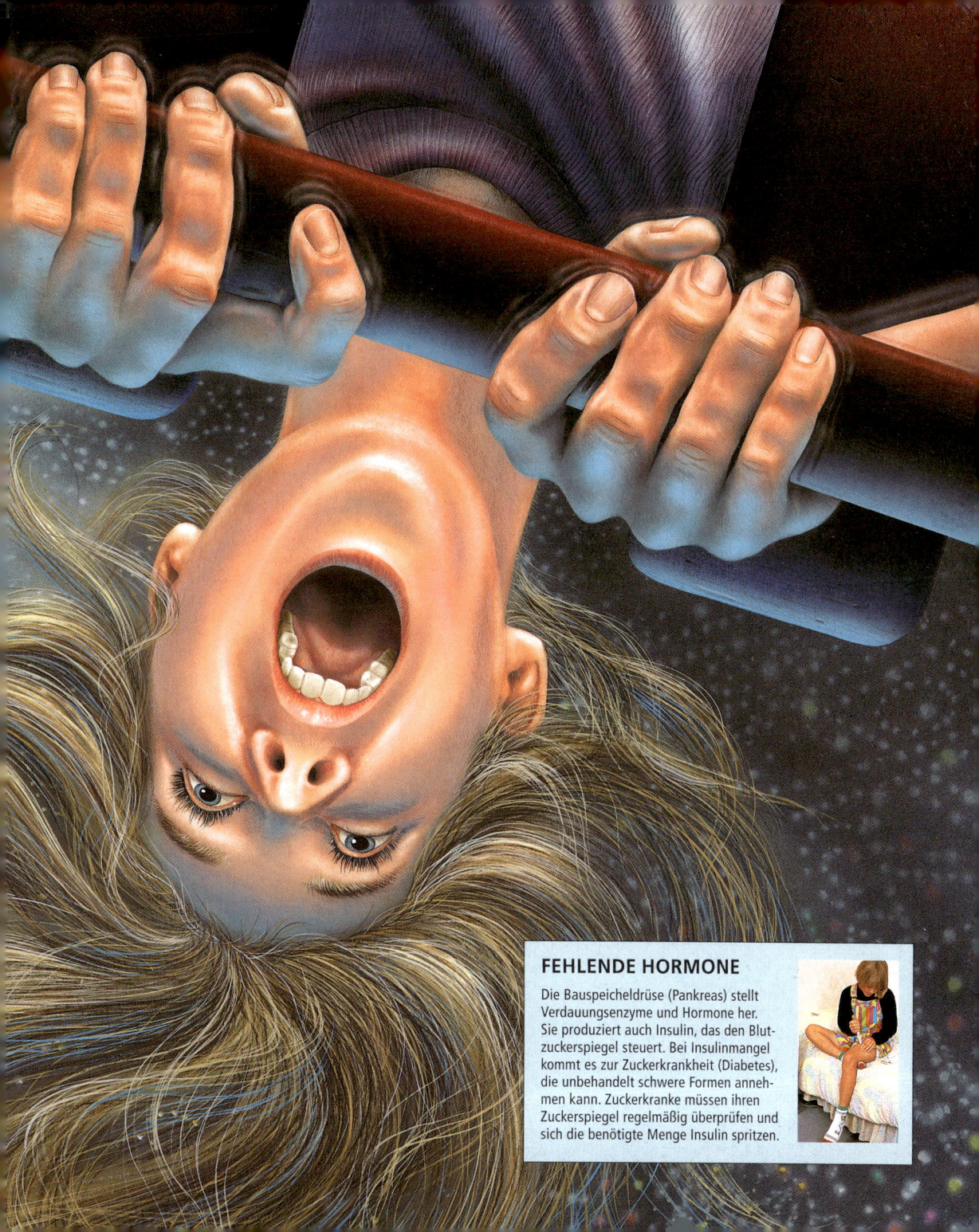

FEHLENDE HORMONE

Die Bauspeicheldrüse (Pankreas) stellt
Verdauungsenzyme und Hormone her.
Sie produziert auch Insulin, das den Blut-
zuckerspiegel steuert. Bei Insulinmangel
kommt es zur Zuckerkrankheit (Diabetes),
die unbehandelt schwere Formen anneh-
men kann. Zuckerkranke müssen ihren
Zuckerspiegel regelmäßig überprüfen und
sich die benötigte Menge Insulin spritzen.

Rot und heiß

Als Furunkel bezeichnen wir eine kleinräumige Entzündung in der Haut, die meist durch Infektion mit einem Krankheitserreger entstanden ist. Keime, weiße Blutkörperchen und Körperflüssigkeit treffen sich in einem Haarfollikel und bringen ihn zum Anschwellen. Dieser Furunkel enthält Eiter und kann platzen.

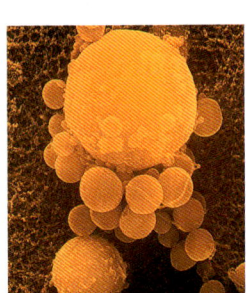

Zeichen der Abwehr

Wenn Keime ins Blut gelangen und sich dort vermehren, bewirken sie eine Infektion im ganzen Körper. Dieser reagiert darauf mit Fieber.

Überträger

Die Stechmücke saugt Blut und kann dabei Krankheitserreger ihrer früheren Opfer übertragen, zum Beispiel Malaria.

Auf verlorenem Posten

Die sogenannten T-Lymphozyten spielen beim Immunsystem eine entscheidende Rolle. Einige unter ihnen, die Killerzellen (links), töten Keime ab, die bestimmte Antikörper tragen.

Immunsystem

Der Körper wird dauernd von allen Seiten angegriffen. Mikroskopische Keime wie Bakterien und Viren schweben in der Luft, dringen durch verletzte Stellen in die Haut ein und überziehen unser Essen und Trinken. Der Körper hat dagegen mehrere Arten der Verteidigung bereit. Schleimschichten und chemische Stoffe in Nase, Mund und Rachen, in Lunge und Darm fangen Krankheitskeime ein und töten sie ab. Zum Immunsystem gehören die weißen Blutkörperchen oder Lymphozyten. Sie stellen Antikörper her, die sich an Krankheitserreger heften und sie zum Absterben bringen. Auf eine Infektion reagiert der Körper auch mit einer Entzündung. Die befallenen Körperteile schwellen an, werden heiß und schmerzen, weil sich dort viele weiße Blutkörperchen treffen, um die eingedrungenen Keime zu zerstören.

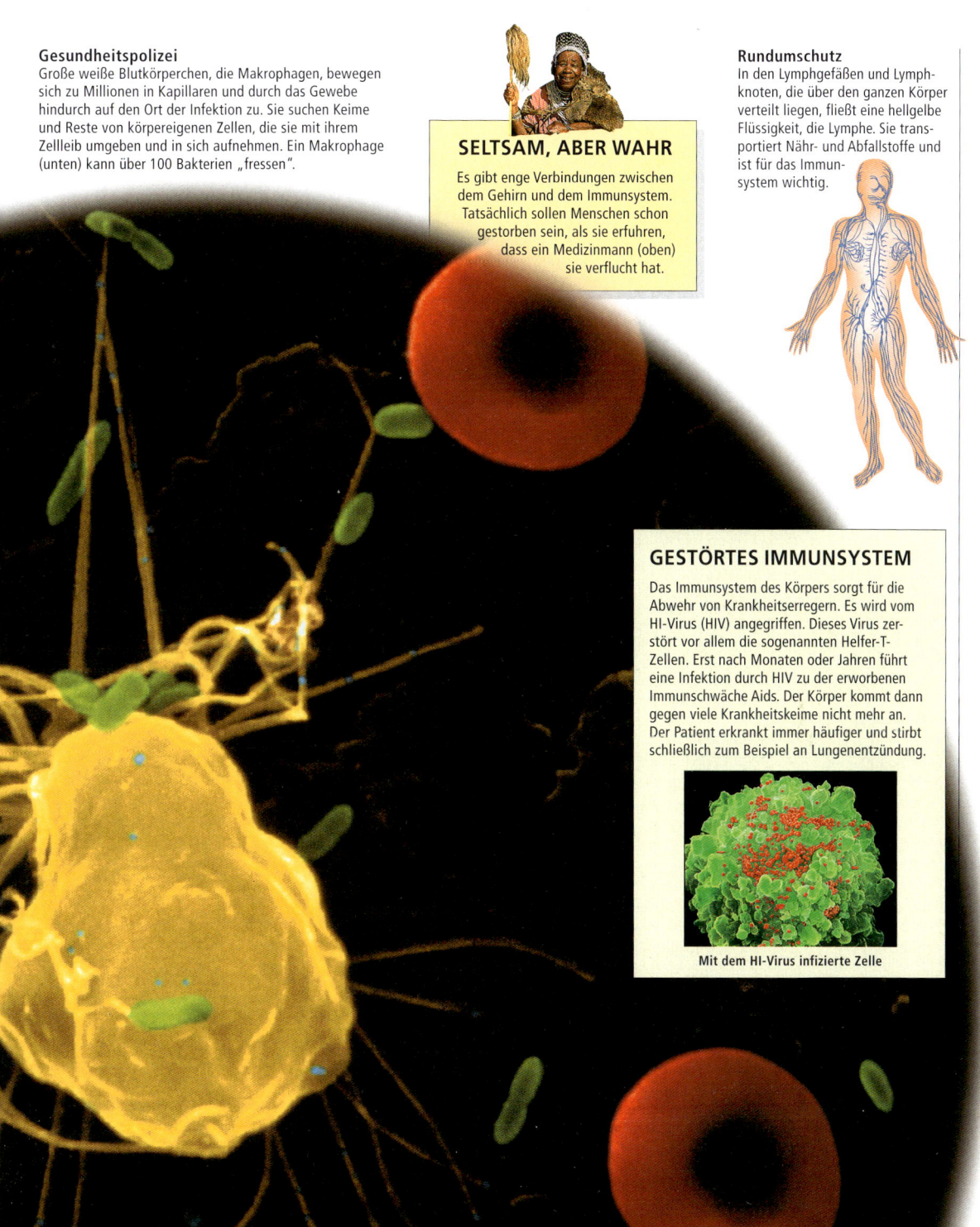

Gesundheitspolizei

Große weiße Blutkörperchen, die Makrophagen, bewegen sich zu Millionen in Kapillaren und durch das Gewebe hindurch auf den Ort der Infektion zu. Sie suchen Keime und Reste von körpereigenen Zellen, die sie mit ihrem Zellleib umgeben und in sich aufnehmen. Ein Makrophage (unten) kann über 100 Bakterien „fressen".

SELTSAM, ABER WAHR

Es gibt enge Verbindungen zwischen dem Gehirn und dem Immunsystem. Tatsächlich sollen Menschen schon gestorben sein, als sie erfuhren, dass ein Medizinmann (oben) sie verflucht hat.

Rundumschutz

In den Lymphgefäßen und Lymphknoten, die über den ganzen Körper verteilt liegen, fließt eine hellgelbe Flüssigkeit, die Lymphe. Sie transportiert Nähr- und Abfallstoffe und ist für das Immunsystem wichtig.

GESTÖRTES IMMUNSYSTEM

Das Immunsystem des Körpers sorgt für die Abwehr von Krankheitserregern. Es wird vom HI-Virus (HIV) angegriffen. Dieses Virus zerstört vor allem die sogenannten Helfer-T-Zellen. Erst nach Monaten oder Jahren führt eine Infektion durch HIV zu der erworbenen Immunschwäche Aids. Der Körper kommt dann gegen viele Krankheitskeime nicht mehr an. Der Patient erkrankt immer häufiger und stirbt schließlich zum Beispiel an Lungenentzündung.

Mit dem HI-Virus infizierte Zelle

Stumme Sprache
Taube Menschen können nicht hören und haben deshalb Schwierigkeiten beim Sprechen. Sie verwenden eine Zeichensprache. Mit der Stellung der Finger und Hände drücken sie Buchstaben, Buchstabengruppen, Wörter, Sätze und andere Informationen aus (links).

Buchstaben und Wörter
Es gibt über 2000 Schriftsprachen. Bei den meisten bezeichnen die Buchstaben einzelne Laute. Die Schriftzüge rechts bedeuten in verschiedenen Sprachen, unter anderem in englischer Blindenschrift, „der menschliche Körper".

⠞⠓⠑ ⠓⠥⠍⠁⠝ ⠃⠕⠙⠽

Blindenschrift (englisch)

ΤΟ ΑΝΘΡΩΠΙΝΟΝ ΣΩΜΑ
Griechisch

ТЕЛО ЧЕЛОВЕКА
Russisch

人體
Chinesisch

Kommunikation

Die Menschen tauschen mit Tönen, Lauten und Bewegungen des Körpers jeden Tag Informationen aus. Man nennt das allgemein Kommunikation. Am einfachsten geschieht dies mit der Sprache: Spezielle Laute bedeuten dabei Gegenstände, Handlungen, Zahlen und vieles andere mehr. Die Wörter speichern wir im Gehirn, bringen sie in die richtige Ordnung und Form und produzieren schließlich mit dem Kehlkopf und dem Mund die entsprechenden Laute. Stumme Menschen benutzen eine besondere Zeichensprache und auch Gehörlose können diese Zeichen verstehen. Taubstumme lernen auch gesprochene Wörter von den Lippen abzulesen. Die geschriebene Sprache verwendet Buchstaben als Zeichen für Laute. Innere Stimmungen und Gefühle drücken wir vor allem durch Bewegungen und auch durch die Körperhaltung aus.

Die Laute
Die Laute entstehen im Mund; Zunge, Wangen, Zähne und Lippen sind daran beteiligt. Viele Laute gehören nicht zur Sprache, zum Beispiel das fröhliche Lachen oder das traurige Schluchzen.

aa

ii

oo

mm

Sprechen
Die Töne, die wir für die Sprache brauchen, entstehen im Kehlkopf am oberen Ende der Luftröhre. Dort befinden sich zwei Stimmbänder. Beim Atmen fließt die Luft lautlos durch eine breite Spalte. Beim Sprechen nähern Muskeln die Stimmbänder einander an. Die hindurchströmende Luft versetzt sie in Schwingungen: Dabei entstehen Schallwellen.

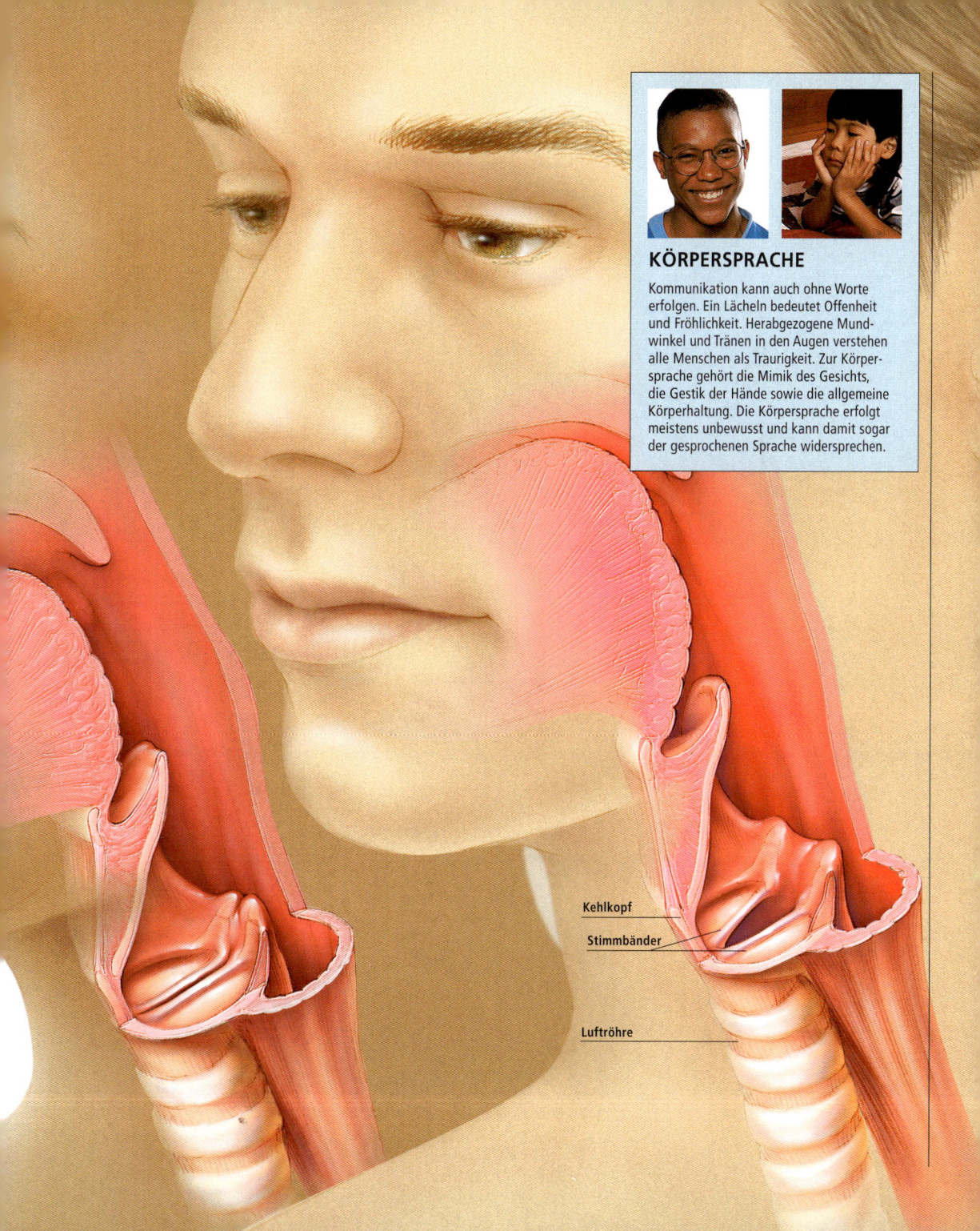

KÖRPERSPRACHE

Kommunikation kann auch ohne Worte erfolgen. Ein Lächeln bedeutet Offenheit und Fröhlichkeit. Herabgezogene Mundwinkel und Tränen in den Augen verstehen alle Menschen als Traurigkeit. Zur Körpersprache gehört die Mimik des Gesichts, die Gestik der Hände sowie die allgemeine Körperhaltung. Die Körpersprache erfolgt meistens unbewusst und kann damit sogar der gesprochenen Sprache widersprechen.

Kehlkopf

Stimmbänder

Luftröhre

Bewegung

Hilfsmittel
Manche Menschen sind von Geburt an, durch Verletzung oder durch Krankheit behindert. Mit Rollstühlen oder anderen Hilfsmitteln sind sie einigermaßen unabhängig und nehmen sogar an Sportveranstaltungen teil.

Unser Körper ist dauernd in Bewegung. Selbst wenn wir schlafen, werden Sauerstoff, Nährstoffe und andere Stoffe im Körper verteilt. Die Zellen wachsen und vermehren sich. Das Herz pumpt Blut durch die Adern und auch die Lunge und der Magen arbeiten. Im Wachzustand kommen noch die Bewegungen der Skelettmuskeln hinzu. Deren Steuerung übernimmt das Gehirn. Die Muskeln selbst benötigen Sauerstoff und Zucker, die das Blut heranschaffen muss. Dazu müssen die Lungen wiederum mehr Sauerstoff aufnehmen. Im Gegensatz zu den Tieren ist der Mensch nicht an bestimmte Fortbewegungsweisen angepasst. Säuger wie die Delfine können schwimmen, Wölfe laufen, Fledermäuse fliegen. Der menschliche Körper ist nicht spezialisiert und deswegen sind wir in der Lage, alle möglichen Bewegungsarten zu erlernen. Wir können laufen, kriechen, klettern, schwimmen – und mithilfe unserer Erfindungsgabe können wir sogar fliegen.

Schwimmen und Tauchen
Delfine bewegen den Schwanz auf und ab und erreichen dabei hohe Geschwindigkeiten. Auch wir können unter Wasser schwimmen. Für längere Tauchgänge brauchen wir aber einen Lungenautomaten.

Spurt
Der Gepard ist das schnellste Säugetier. Mit seinem ganzen Körperbau ist er an Hochgeschwindigkeitssprints angepasst. Auch wir Menschen sind auf kurze Strecken recht schnell, doch der Gepard lässt uns weit hinter sich.

In der Luft
Vögel sind sehr leicht gebaut, haben ein Federkleid und kräftige Brustmuskeln. Wir brauchen zum Fliegen eine technische Ausrüstung, zum Beispiel einen Drachen.

In der Senkrechten
Faultiere hängen den ganzen Tag in den Bäumen. Mit hakenartigen Krallen halten sie sich überall fest. Auch der Mensch ist ein guter Kletterer, sichert sich aber mit Haken und Seilen.

SCHLAFFORSCHUNG

Der Mensch verschläft rund ein Drittel seines Lebens; Schlaf ist für ihn lebensnotwendig. An Schlafentzug stirbt man früher als an Hunger. Manche Organe reduzieren während des Schlafes ihre Tätigkeit, zum Beispiel die Skelettmuskeln, die sich völlig entspannen. Die meisten Organe arbeiten normal weiter, um das Leben aufrechtzuerhalten, vor allem Herz, Lunge, Darm und Nieren. Auch das Gehirn produziert weiterhin Millionen von Impulsen, die sich oft in Form von Träumen darstellen.

Zum Weiterlesen 54–55

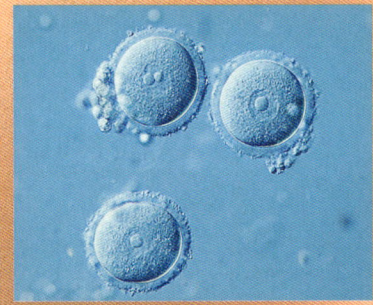

Eine Riesenzelle
Die reife Eizelle ist eine der größten Zellen des menschlichen Körpers. Sie enthält viele Nährstoffe für die ersten Phasen der Entwicklung des Babys. Wie die Samenzelle besitzt auch die Eizelle nur einen einfachen Satz Chromosomen.

Weibliche Geschlechtsorgane
Jeden Monat reift ein Follikel heran und gibt das reife Ei in den Eileiter ab. Gleichzeitig verdickt sich die Gebärmutterschleimhaut und entwickelt viele Blutgefäße. Sie nimmt das befruchtete Ei auf. Diesen Vorgang nennen wir Einnistung. Erfolgt keine Befruchtung, so stößt die Gebärmutter die verdickte Schleimhaut ab, die den Körper durch die Scheide verlässt. Die dabei auftretende Blutung bezeichnen wir als Menstruation.

Fortpflanzungs-system

Die deutlichsten Unterschiede zwischen Mann und Frau bestehen im Fortpflanzungssystem. Die weiblichen Fortpflanzungsorgane liegen geschützt im Unterleib. Die Eierstöcke produzieren Follikel, die jeweils ein reifes Ei freigeben, das durch den Eileiter zur Gebärmutter wandert. Die wichtigsten Geschlechtsorgane des Mannes sind von außen deutlich zu sehen. Die Hoden produzieren Samenzellen, die der Mann mit dem Penis in die weibliche Scheide bringen kann. Eizelle und Samenzelle enthalten zusammen alle Informationen, die notwendig für den Aufbau eines neuen Menschen sind. Diese liegen in Form von Genen als Abschnitte der Desoxyribonukleinsäure (DNS) vor.

> ## SCHON GEWUSST?
> Um den menschlichen Körper aufzubauen, sind 100 000 bis 200 000 Informationen und damit Gene erforderlich.

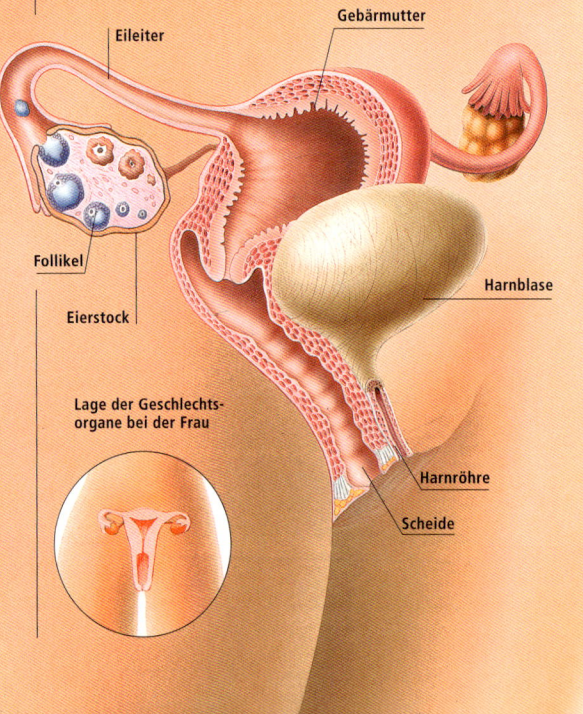

Eileiter

Gebärmutter

Follikel

Eierstock

Harnblase

Lage der Geschlechts-organe bei der Frau

Harnröhre

Scheide

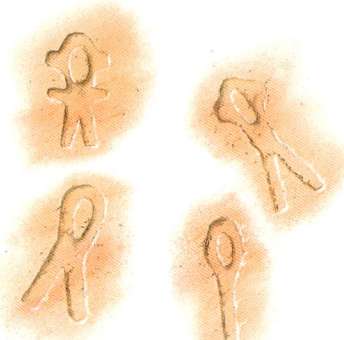

Alte Zeichen
Seit jeher wissen die Menschen, dass Babys in der Gebärmutter der Frau heranwachsen. Die alten Ägypter stellten den Begriff „Gebärmutter" mit diesen Hieroglyphen dar.

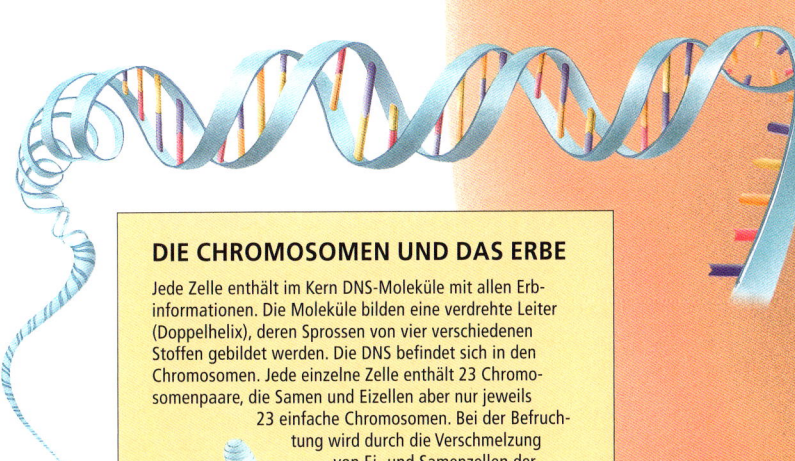

DIE CHROMOSOMEN UND DAS ERBE

Jede Zelle enthält im Kern DNS-Moleküle mit allen Erb-informationen. Die Moleküle bilden eine verdrehte Leiter (Doppelhelix), deren Sprossen von vier verschiedenen Stoffen gebildet werden. Die DNS befindet sich in den Chromosomen. Jede einzelne Zelle enthält 23 Chromo-somenpaare, die Samen und Eizellen aber nur jeweils 23 einfache Chromosomen. Bei der Befruch-tung wird durch die Verschmelzung von Ei- und Samenzellen der doppelte Chromo-somensatz wieder-hergestellt.

Männliche Geschlechtsteile

In den Hoden teilen sich die Zellen dauernd, sodass jeden Tag Millionen von Samenzellen entstehen. Sie werden im gewundenen Gang des Nebenhodens gespeichert. Beim Geschlechtsverkehr dringt der auf-gerichtete, versteifte Penis in die Scheide der Frau ein. Heftige Muskel-kontraktionen sorgen für den Samen-erguss. Dabei überträgt der Mann seinen milchigen Samen, der ungefähr 400 Millionen Samenzellen enthält.

Unsichtbares wird sichtbar

Der Niederländer Antonie van Leeuwenhoek konnte mit einem selbst gebauten Mikroskop (unten) die ersten Zellen sehen. 1673 ent-deckte er die roten Blutkörperchen, 1677 die Samenfäden von Tieren, die er auch zeichnete (links).

Lage der Geschlechts-organe beim Mann

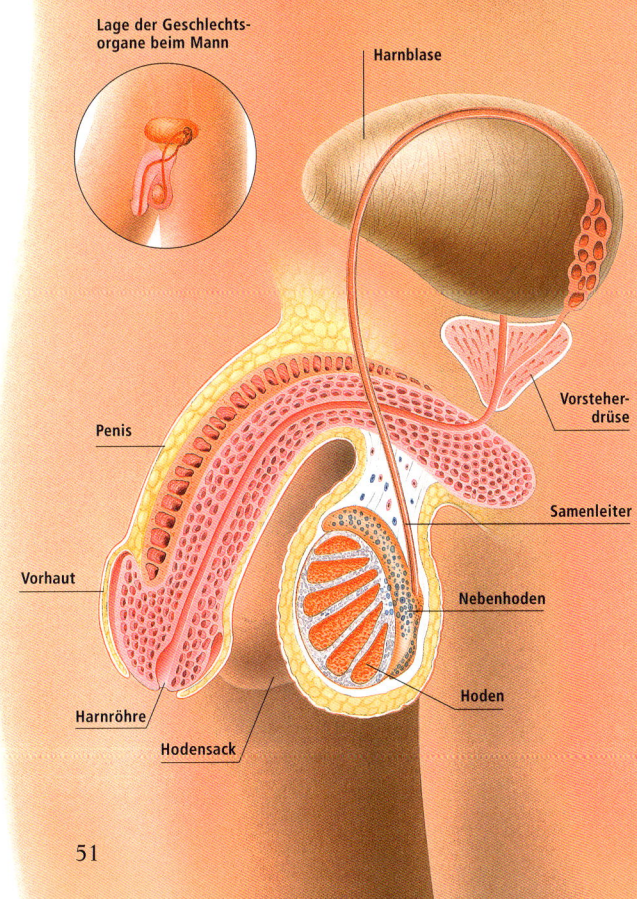

Harnblase

Vorsteher-drüse

Penis

Samenleiter

Vorhaut

Nebenhoden

Harnröhre

Hoden

Hodensack

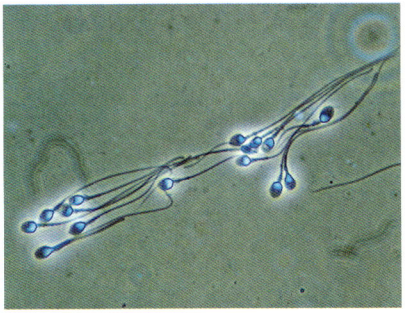

Elegante Schwimmer

Samenzellen ähneln mikroskopisch kleinen Kaulquappen. Sie treiben sich durch Schwanzschläge vorwärts. Die Chromosomen befinden sich vorne im verdickten Kopf.

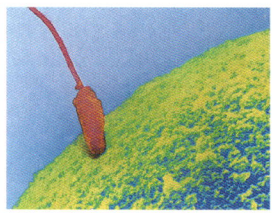

Samenzelle trifft Eizelle
Hunderte von Samenzellen versammeln sich um die Eizelle im Eileiter. Aber nur einer einzigen Samenzelle gelingt die Verschmelzung und damit die Befruchtung.

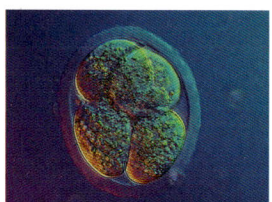

Zellteilung
Das befruchtete Ei teilt sich in zwei Zellen. Diese teilen sich immer weiter. Nach wenigen Tagen ist eine Keimblase aus Dutzenden von Zellen entstanden.

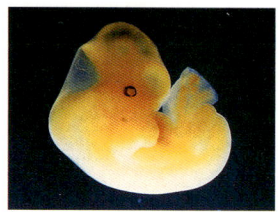

Der Embryo
Vier Wochen nach der Befruchtung sind schon Millionen von Zellen vorhanden. Der Embryo entwickelt Gewebe und Organe; das Herz beginnt schon zu schlagen.

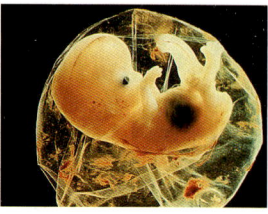

Die Körperformen
Nach sechs Wochen hat der Embryo Arme und Beine. Der Kopf ist noch größer als der Körper und zeigt schon die Anlagen von Auge und Ohr.

Der Embryo

Bei der Befruchtung verschmelzen eine Samen- und eine Eizelle miteinander. Diese Keimzelle teilt sich mehrmals und bildet schließlich die Keimblase, die sich in der gut durchbluteten Gebärmutterschleimhaut einnistet. Damit beginnt die Schwangerschaft. Bis zur achten Entwicklungswoche spricht man vom Embryo. In dieser Zeit werden die wichtigsten Organsysteme angelegt. Nach drei Monaten sieht der Embryo schon menschenähnlich aus und wird als Fetus bezeichnet. In der flüssigkeitsgefüllten Gebärmutter ist er vor Erschütterungen geschützt und wächst innerhalb von neun Monaten zum fertigen Menschen heran. Das Kind kann im Bauch der Mutter weder atmen noch essen. Den nötigen Sauerstoff und die Nährstoffe erhält es vom Blut der Mutter über den Mutterkuchen oder die Plazenta, einem tellergroßen Organ. Die Nabelschnur mit zwei Arterien und einer Vene stellt die Verbindung zum Kind her. Neun Monate nach der Befruchtung wird das Baby geboren, das im Durchschnitt 50 cm lang und 3,4 kg schwer ist.

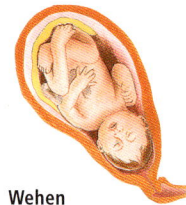

Wehen
Während der Wehen ziehen sich die Muskeln in der Gebärmutterwand zusammen. Sie treiben das Baby durch den Geburtskanal aus.

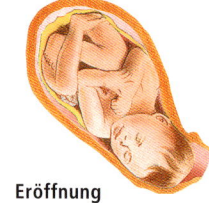

Eröffnung
Der breiteste Teil ist der Kopf des Babys. Der Muttermund der Gebärmutter öffnet sich und lässt das Baby mit dem Kopf voran hindurch.

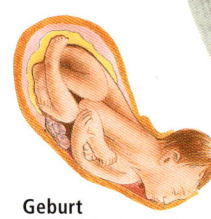

Geburt
Die Muskeln der Gebärmutter ziehen sich weiter zusammen. Das Baby verlässt den warmen mütterlichen Körper mit dem Kopf voran durch die Scheide.

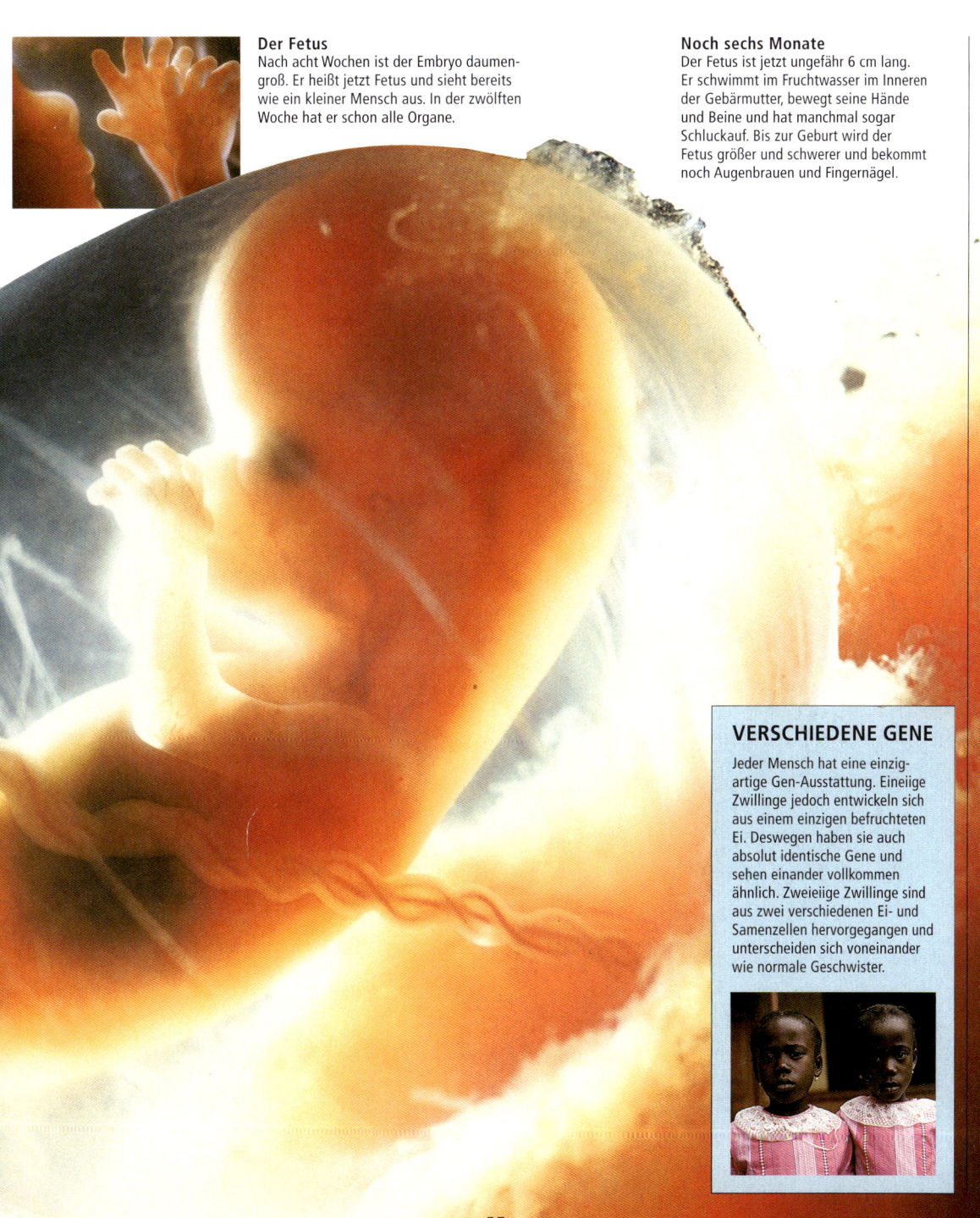

Der Fetus
Nach acht Wochen ist der Embryo daumen-
groß. Er heißt jetzt Fetus und sieht bereits
wie ein kleiner Mensch aus. In der zwölften
Woche hat er schon alle Organe.

Noch sechs Monate
Der Fetus ist jetzt ungefähr 6 cm lang.
Er schwimmt im Fruchtwasser im Inneren
der Gebärmutter, bewegt seine Hände
und Beine und hat manchmal sogar
Schluckauf. Bis zur Geburt wird der
Fetus größer und schwerer und bekommt
noch Augenbrauen und Fingernägel.

VERSCHIEDENE GENE

Jeder Mensch hat eine einzig-
artige Gen-Ausstattung. Eineiige
Zwillinge jedoch entwickeln sich
aus einem einzigen befruchteten
Ei. Deswegen haben sie auch
absolut identische Gene und
sehen einander vollkommen
ähnlich. Zweieiige Zwillinge sind
aus zwei verschiedenen Ei- und
Samenzellen hervorgegangen und
unterscheiden sich voneinander
wie normale Geschwister.

Heranwachsen

Groß und klein
Menschen mit einem Überschuss an Wachstumshormon werden übermäßig groß, während andere mit einem Mangel daran zu klein bleiben. Die Ärzte können heute Kleinwüchsigen mit Hormonkuren helfen.

In den ersten zwei Lebensjahren erfolgt das Wachstum am schnellsten. In dieser Zeit teilen sich die Zellen rasch. Danach geht es langsamer weiter. Gesteuert werden das Wachstum und die Zellteilung vom Wachstumshormon der erbsengroßen Hypophyse, die unterhalb des Gehirns liegt. Die Geschlechtshormone regeln die körperlichen und seelischen Veränderungen während der Pubertät, die beim Mädchen zwischen dem 10. und dem 14., bei Jungen zwischen dem 12. und 14. Lebensjahr eintritt. Mädchen entwickeln dann Brüste, rundere Hüften und andere weibliche Merkmale. Bei Jungen stellen sich der Stimmbruch und der Bartwuchs ein. Die endgültige Körpergröße wird von den Genen, aber auch von der Ernährung bestimmt. Während der Körper wächst, erlernt der Geist gleichzeitig Tausende von Fähigkeiten, die wir im täglich Leben und im Umgang mit anderen Menschen brauchen.

David, 2 Jahre

Auf eigenen Füßen
Nach zwei Jahren verlangsamt sich das Wachstum. Die Kinder können nun schon laufen.

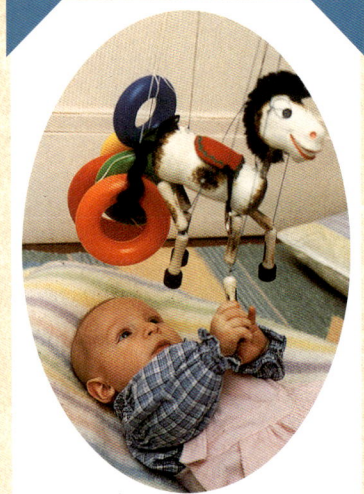

Erste Zähne
Im Alter von acht Monaten können Babys gezielt greifen und aufrecht sitzen. Die ersten Zähne brechen durch.

David, 6 Monate

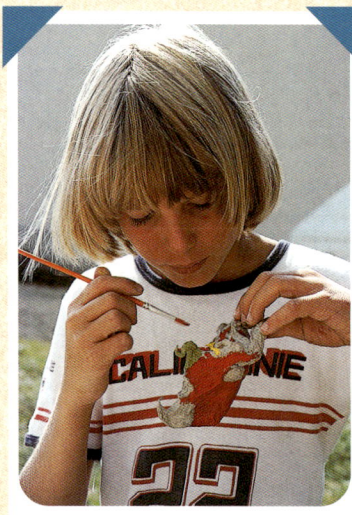

Handfertigkeit
Mit sieben Jahren können Kinder schon komplizierte Arbeiten erledigen. Sie beginnen eigenständig zu denken.

David, 7 Jahre

ALTERN

Den Höhepunkt seiner körperlichen Leistungsfähigkeit erreicht der Mensch im Alter von etwa 20 Jahren. Danach beginnen Alterungsprozesse, die aber viele Jahre lang unbemerkt bleiben. Irgendwann zeigen sich dann erste Anzeichen des Alters: Einzelne Haare werden grau, die Haut bekommt Falten, die Reaktionen werden langsamer, die Muskelkraft nimmt ab, die Sinne funktionieren nicht mehr so gut und selbst das Gedächtnis und die Konzentrationsfähigkeit lassen nach. Diese Anzeichen sind jedoch individuell sehr verschieden und treten bei manchen Menschen oft erst spät auf.

Sam, 4 Jahre

Sam, 6 Jahre

Sam, 8 Jahre

Selbstporträts

Mit dem Lernen entwickelt der Mensch auch seine körperlichen und geistigen Fähigkeiten. Wer zeichnen will, muss mit Stiften oder Pinseln umgehen können. Daran sind Gehirn, Nerven, Handmuskeln und die Kontrolle durch die Augen beteiligt. Mit seinen Zeichnungen verrät das Kind, wie weit es seine Umwelt versteht.

David, 10 Jahre

Geistige Entwicklung

Mit etwa zehn Jahren erfolgt ein neuer Wachstumsschub. In dieser Zeit setzt die entscheidende geistige Entwicklung ein.

Pubertät

Mit 12 bis 14 Jahren beherrscht der junge Mensch alle Fertigkeiten. Nur der Körper verändert sich während der Pubertät noch.

David, 13 Jahre

David, 18 Jahre

Erwachsen

Im Alter von 18 bis 20 Jahren ist der Mensch körperlich voll ausgewachsen und gilt als Erwachsener.

Prothesen

Viele Körperteile lassen sich durch eine Prothese ersetzen. Ein solches künstliches Teil wird vor allem nach Unfällen oder Krankheiten notwendig. Es gibt sehr unterschiedliche Arten: Der myoelektrische Handersatz kann feine Bewegungen der Hände nachahmen; ein Glasauge hingegen verbessert nur das Aussehen. Prothesen werden auch eingesetzt, um noch vorhandene Körperteile zu stützen. So verbindet man gebrochene Knochen oft mit Metallplatten. Implantate werden in den Körper gebracht. Zu ihnen zählen etwa künstliche Hüftgelenke und Herzklappen. Bei einer Transplantation überträgt der Arzt Organe von einem Menschen auf den anderen. Bei Herzen und Nieren ist dies heute schon Routine. Von autogener Transplantation spricht man, wenn Organe bei ein und demselben Menschen auf eine andere Stelle übertragen werden. Dies ist vor allem bei der Haut möglich.

Eine Pumpe aus Metall
Bei manchen Menschen ist das Herz sehr geschwächt. Die Mediziner entwickelten künstliche Pumpen, die für kurze Zeit die Tätigkeit des Herzens übernehmen können.

Künstliches Hüftgelenk
Der Gelenkkopf des künstlichen Hüftgelenks ist eine Titankugel mit einem langen Dorn, der mit dem Hüftknochen verbunden wird. Die Gelenkpfanne besteht aus einem Plastiksockel, der in den Beckenknochen einzementiert wird.

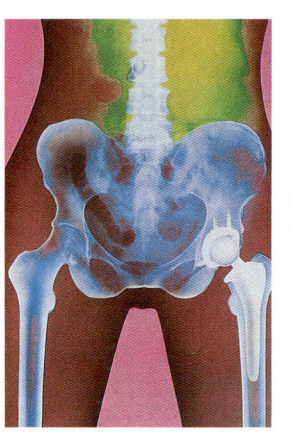

Augenkorrektur
Viele Menschen tragen an Stelle einer Brille Kontaktlinsen. Diese fallen weniger auf als Brillengläser.

Plastikauge
Gelegentlich müssen die Ärzte einen erkrankten Augapfel entfernen, um eine Krebserkrankung an der Ausbreitung zu hindern. Die modernen Plastikaugen sehen sehr naturgetreu aus, doch kann man mit ihnen nicht sehen.

Laut und deutlich
Elektroniker haben Hörgeräte (links) entwickelt, die teilweise als Implantate ins Ohr eingesetzt werden. Sie verstärken die Schallwellen und machen es möglich, dass Schwerhörige wieder hören.

Handersatz
Die myoelektrische Hand hat einen Elektromotor, der die Finger bewegt. Man kann damit auch kleine, zarte Gegenstände greifen. Sensoren nehmen Signale in den entsprechenden Nerven wahr und setzen sie in Bewegungen um.

Eine neue Arterie
Kranke oder beschädigte Arterien ersetzt man durch Plastikröhren (oben). Die Innenseite ist beschichtet, damit sich keine Blutkörperchen daran festsetzen.

Biegsame eiserne Hand

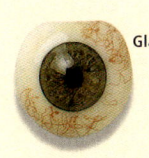

Glasauge

Steifes Holzbein

EINE LANGE GESCHICHTE

Seit Jahrtausenden bauen die Menschen Ersatzteile für verlorene Gliedmaßen und andere Körperteile. Die ersten falschen Zähne stellten die Ägypter aus Hauern von Flusspferden her. Dann nahm man anderes Elfenbein, Holz und auch Gold. Steife künstliche Arme und Beine wurden zuerst aus Holz angefertigt. Später bauten Handwerker biegsame künstliche Gliedmaßen mit Scharnieren, Hebeln und sogar Rädern. Am berühmtesten ist wohl die eiserne Hand des Götz von Berlichingen. Schon die alten Ägypter schoren sich die Haare und trugen Perücken. Später verbarg man damit die eigene Kahlköpfigkeit.

Perücke, 17. Jahrhundert

Eine hilfreiche Maschine

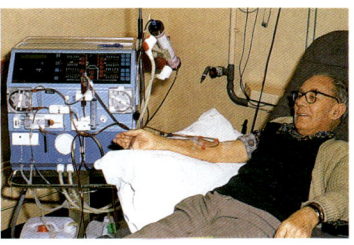

Maschinen können zeitweise Körperfunktionen übernehmen. Wenn die Nieren nicht mehr richtig arbeiten, filtert ein Dialyseapparat die Abfallstoffe aus dem Blut heraus. Der Blutkreislauf des Patienten wird dabei mit Schläuchen an die Maschine angeschlossen.

Eine zweite Haut

Verbrannte oder sonst wie zerstörte Haut ersetzen die Chirurgen durch gesunde Haut von anderen Körperstellen. Man hat auch eine künstliche Haut entwickelt, unter der die natürliche Haut langsam ausheilen kann.

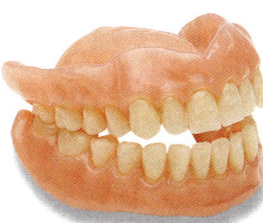

Falsches Gebiss

Dentaltechniker formen aus hartem Kunststoff und Keramik die sogenannten „dritten Zähne", ein künstliches Gebiss.

Hightech im Bein

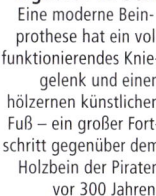

Eine moderne Beinprothese hat ein voll funktionierendes Kniegelenk und einen hölzernen künstlichen Fuß – ein großer Fortschritt gegenüber dem Holzbein der Piraten vor 300 Jahren.

Register